DIE REGELN
DER NATUR

Carlo Rondinini

DIE REGELN DER NATUR

Aus dem Italienischen von
Hildegard Schulte-Umberg

Illustrationen von Gian Paolo Faleschini

OMNIBUS

DoGi

Der Taschenbuchverlag
für Kinder und Jugendliche
von Bertelsmann

Band 20746

Umwelthinweis:
Dieses Buch wurde auf chlorfrei gebleichtem Papier gedruckt.

**Erstmals als OMNIBUS-Taschenbuch
Dezember 2000
Alle Rechte dieser Ausgabe
vorbehalten durch**
© **C. Bertelsmann Jugendbuch Verlag,
München**
in der **Verlagsgruppe Bertelsmann GmbH
Titel der Originalausgabe:**
»L'Ecologia«
© **2000 DoGi spa, Florenz
Übersetzung aus dem Italienischen:**
Hildegard Schulte-Umberg, München
Redaktion:
Christina Freiberg, München
Satz/Umbruch:
Veit Rost, DTP & Typographie, Ingolstadt
Gesamtkoordination der deutschen Ausgabe:
InterConcept Medienagentur, München
Umschlagkonzeption: Klaus Renner
Umschlaggestaltung:
Atelier Langenfass, Ismaning
**ISBN 3-570-20746-3
Printed in Italy**

10 9 8 7 6 5 4 3 2 1

Inhalt

Grundlagen des Lebens

Wie viele Mikroorganismen, Pilze, Pflanzen und Tiere gibt es auf unserer Erde? Niemand kann das genau sagen. Jede dieser Lebensformen braucht bestimmte Bedingungen, um sich entwickeln, fortpflanzen und existieren zu können und steht immer in einem engen Beziehungsgeflecht mit anderen Lebewesen und seiner Umwelt.

Lebensräume erhalten

Die biologische Vielfalt, also die Zahl unterschiedlicher Lebensformen, beruht auf der großartigen Fülle von Organismen auf unserem Planeten und auf ihrer Beziehung zur Umwelt. Das Vorhandensein von Lebewesen hängt von den Bedingungen eines Lebensraumes ab, zum Beispiel vom Klima oder der Verfügbarkeit von Wasser. Die Ökologie ist eine Wissenschaft, die sich mit dem Haushalt der Natur beschäftigt. In diesem Buch werden die Wechselwirkungen von Lebewesen mit anderen Lebewesen und ihrer Umwelt deutlich gemacht.

WAS IST BIOLOGISCHE VIELFALT?

Die Vielfalt der Natur zeigt sich in den verschiedensten Formen. Jedes Einzelwesen stellt einen kleinen Ausschnitt der Fülle verschiedener Lebensweisen dar. Das wird im Vergleich einzelner Organismen und unterschiedlicher Lebensräume deutlich.

Individuelle Unterschiede

Vollkommen identische Pflanzen oder Tiere gibt es kaum, auch nicht wenn sie so eng miteinander verwandt sind wie die Kaninchen aus einem einzigen Wurf. Jedes Einzelwesen hat seine besonderen Unterscheidungsmerkmale.

Das Wissen um diese Beziehungen ist ein grundlegender Schritt zur Erkenntnis, dass die große Herausforderung für die Menschheit in diesem Jahrtausend darin bestehen wird, Lebensräume möglichst so zu erhalten, wie sie der *Homo sapiens* sie einst vorgefunden hat. Das Überleben der Menschheit wird wesentlich davon abhängen, wie gut das gelingt.

Was ist ein Lebewesen?

Die Grundbausteine für alles, was uns umgibt, seien es Sterne, Gesteine oder Lebewesen, sind Atome. Die Sonne zum Beispiel besteht vorwiegend aus Wasserstoff und Helium. Der menschliche Körper besteht aus Sauerstoff (65%), Kohlenstoff (18%), Wasserstoff (10%) und anderen Elementen wie Stickstoff, Kalzium und

Biologische Vielfalt eines Biotops
In jedem Biotop gibt es unterschiedliche Lebewesen. Dabei ist jedes Individuum abhängig von den anderen und bildet mit ihnen eine Gemeinschaft.

Biologische Vielfalt in Lebensräumen
Jeder Lebensraum ist in einzelne kleinere Bereiche (Biotope) gegliedert. Zum Beispiel Wiesen, Bäume oder Wasserflächen mit jeweils unterschiedlichen Eigenschaften.

LEBENSREICHE

Biologen klassifizieren Lebewesen nach ihrer Zugehörigkeit zum Reich der Bakterien, der Einzeller, der Pilze, der Pflanzen und der Tiere. Zu diesen fünf Reichen kommen zwei weitere Formen, die Übergangsbereiche des Lebens darstellen – Prionen und Viren.

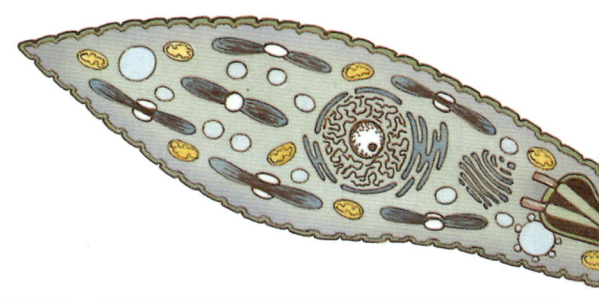

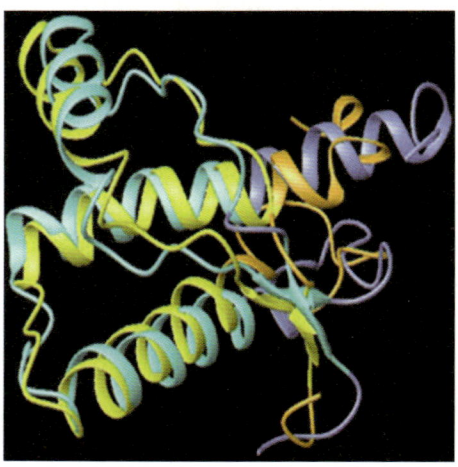

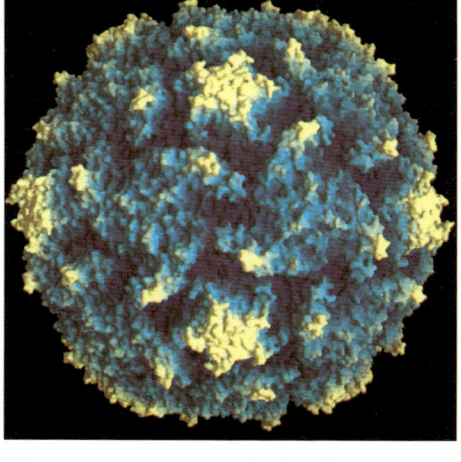

Prionen

Prionen wurden als Auslöser für den Rinderwahn entdeckt. Sie gehören zu den Eiweißen, sind aber keine echten Lebewesen, weil sie keine DNS haben. Prionen können sich vermehren, indem sie als Vorlage für andere Eiweiße dienen.

Viren

Eine Eiweißhülle umgibt bei Viren ein DNS-Molekül. Die in der DNS enthaltenen Anweisungen können jedoch von Viren nicht umgesetzt werden. Um sich trotzdem vermehren zu können, nisten sie sich in anderen Organismen ein.

Phosphor. Mehrere Atome zusammen bilden einen Baustein, ein so genanntes Molekül. Gegenstände und Lebewesen unterscheiden sich in der Art, in der die Atome angeordnet sind; vorhanden sind sie in beiden. Eine besondere Eigenschaft von Lebewesen ist die Fähigkeit sich zu vermehren, das heißt, Organismen hervorzubringen, die ihnen selbst ähnlich sind. Ein Riesenmolekül als Atombaustein enthält den dafür notwendigen genetischen Code, die Erbinformation. Der Träger dieser Information ist die Desoxiribonukleinsäure, kurz DNS genannt. Diese Substanz bildet eine lange Kette aus den Gliedern von vier verschiedenen Bausteinen, den Nukleotiden, deren jeweilige Kombination und Abfolge in der

Einzeller

Die einzelligen Organismen haben eine kompliziertere Struktur als Bakterien. In ihrem Innern befindet sich der Zellkern mit der DNS. Ähnliche Zellen bilden Pilze, Pflanzen oder Tiere. Im Bild ein bewimperter Einzeller wie er in Tümpeln vorkommt.

Pilze

Pilze sind mehrzellige Organismen. Sie ernähren sich, indem sie totes Material verdauen oder indem sie als Parasiten bei Pflanzen oder Tieren leben.

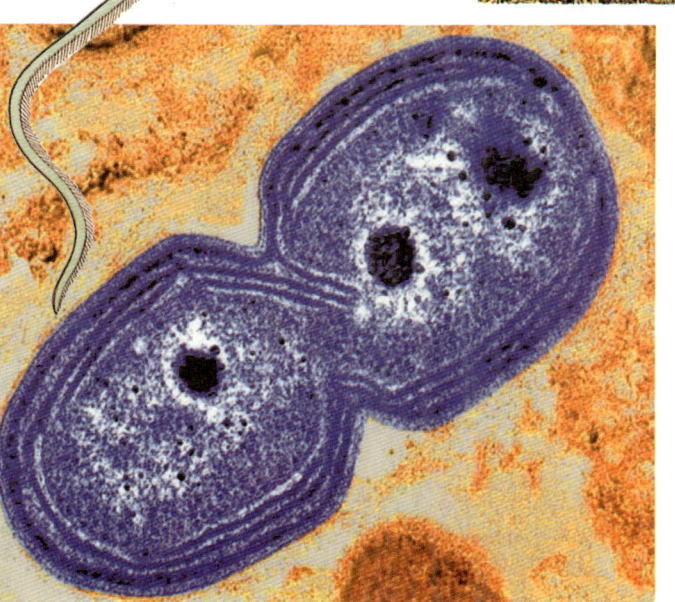

Bakterien

Diese einzelligen Organismen sind die niedrigsten Lebensformen. In ihrem Inneren befindet sich ein DNS-Molekül.

DNS die Erbinformation als einzelne Gene festlegt.

Die DNS ist eine Bau- und Betriebsanleitung und mit allen wichtigen Informationen versehen, die ein Organismus braucht, damit er sich entwickeln, »funktionieren«, wachsen und fortpflanzen kann. Die DNS befindet sich in den Zellen, den Grundbausteinen der Körper aller Lebewesen. Das ist nur bei den Viren anders. Diese haben zwar eine Erbsubstanz, bestehen aber nicht aus Zellen. Einige Wissenschaftler halten Viren für echte Lebewesen, andere ordnen sie am Rande der Lebensformen ein. Weniger hoch entwickelte Organismen wie Bakterien bestehen aus nur einer Zelle. Höhere Organismen wie Pflanzen oder Tiere werden aus mehreren hundert Milliarden Zellen

gebildet. So gesehen ist jedes Lebewesen nichts weiter als das Ergebnis eines genau abgestimmten Zusammenspiels von Körperzellen. Die Aufgabe jeder Zelle ist in der Information der DNS festgelegt. Wenn man sich die DNS als »Betriebsanleitung« für je-den Organismus vorstellt, so sind die Nukleotiden die Buchstaben, aus denen sie sich zusammensetzt. Alle Zellen können die Informationen aus der Reihenfolge der Nukleotiden ablesen, für sich deuten und danach bestimmte Funktionen übernehmen. Die DNS von Pflanzen enthält zum

TIERREICH UND PFLANZENREICH

Zum Lebensreich der Pflanzen zählen alle Organismen, die Fotosynthese betreiben können. Sie nutzen das Sonnenlicht für Energie spendende Abläufe in ihren Zellen. Tiere gewinnen die Energie aus der Nahrung. Zur Nahrungssuche haben sie die Fähigkeit zur Fortbewegung entwickelt.

Anglerfisch
Dieser Fisch lebt auf dem Meeresgrund. Das Männchen ist kleiner als das Weibchen und lebt als Parasit auf dessen Körper.

Rafflessia
Viele pflanzliche und tierische Organismen lassen sich mit bloßem Auge betrachten, nicht nur solch ungewöhnliche Lebensformen wie die tropische Pflanze *Rafflessia* mit einem Blütendurchmesser von ca. 1 m.

Eterocephalo glabro
In den Gemeinschaften dieser Nagetiere bekommt nur ein Weibchen Nachwuchs. Es verbringt das ganze Leben im Bau. Die anderen Tiere sind kleiner und wendiger. Sie sind für die Verteidigung und Nahrungsbeschaffung zuständig.

Beispiel die Information für die Blattzellen zur Herstellung von Chlorophyll. Der grüne Farbstoff dient zur Fotosynthese, einem Verfahren, mit dem die Pflanzen die Energie des Sonnenlichts »einfangen« und für ihre Lebensfunktionen ausnutzen.

Niedere Lebewesen wie Bakterien vermehren sich, indem sie eine Kopie ihrer DNS anfertigen und sich dann in zwei Teile spalten. Jeder Teil erhält seine Kopie des Erbguts und kann so unabhängig vom anderen leben, wachsen und sich wiederum spalten. Die Vermehrung der meisten Tiere und höherer Organismen ist komplizierter;

Limulus
Vor etwa 500 Millionen Jahren erschienen die Vorfahren dieses Trilobiten. Er lebt in Gewässern nahe der amerikanischen Westküste. Bei Vollmond im Frühling kommen sie bei Flut zu Hunderttausenden an Land, um ihre Eier abzulegen.

Dornteufel
Das Reptil mit dem Aussehen eines Dinosauriers lebt in den Wüsten Australiens. Es wird nur 15 cm lang. Winzige Kanäle auf seiner Haut sammeln das Tauwasser und leiten es zum Maul.

Schlickröhrenwurm
Am Körper dieses Wurmes befinden sich zahlreiche Anhängsel (Tentakel). Er lebt in einem Kalkröhrchen, das er selbst baut. Die Tentakel dienen zur Atmung, zur Nahrungsaufnahme und zur Fortpflanzung.

Reiche

Lebewesen werden zunächst systematisch großen Reichen zugeordnet. Hier sind einige Vertreter aus dem Reich der Tiere abgebildet.

Stämme

Jedes Reich ist in Stämme unterteilt. Alle Tiere, deren Skelett von einer Art Wirbelsäule gestützt wird, gehören zum Stamm der Wirbeltiere. Andere Stämme sind zum Beispiel Weichtiere oder Würmer.

Klassen

Jeder Stamm ist in Klassen unterteilt. Bei den Wirbeltieren sind es die Klassen der Säugetiere, Reptilien, Vögel, Fische und Amphibien.

Ordnungen

Jede Klasse umfasst verschiedene Ordnungen. Bei den Säugetieren gibt es zum Beispiel die Ordnungen der Fleischfresser, Menschenaffen und Wale.

Familien

Innerhalb der einzelnen Ordnungen gibt es zahlreiche Familien, wie Katzen und Hunde.

Gattungen

Familien sind aufgeteilt in Gattungen. Zur Familie der Katzen zählen die Gattungen *Panthera* (mit Löwe und Leopard), *Felis* (Hauskatze) oder *Lynx* (Luchse).

Arten

Zur gleichen Art gehören alle Organismen, die sich paaren und fortpflanzungsfähige Nachkommen zeugen können. Zwei Leoparden sind Artgenossen, auch wenn sie weit entfernt voneinander leben. Für Pferd und Esel trifft das nicht zu. Aus ihrer Kreuzung geht das unfruchtbare Maultier hervor.

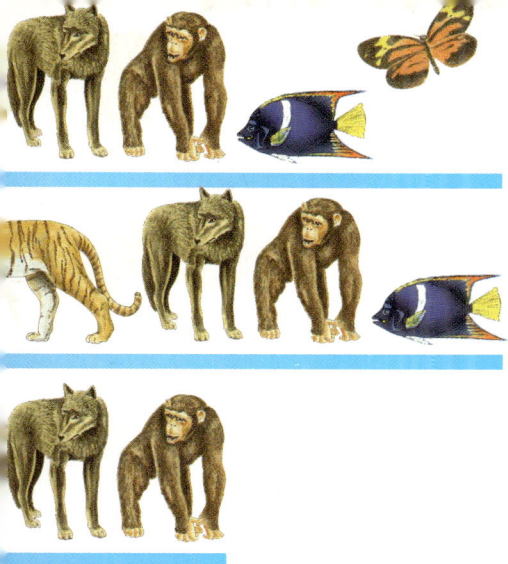

sie pflanzen sich durch die Verschmelzung von Ei- und Samenzelle fort. Dabei geben zwei Individuen jeweils nur die Hälfte ihres Erbguts weiter. Die Nachkommen erhalten von jedem Elternteil eine gleich große Informationsmenge, entwickeln sich und sind lebensfähig. Die Nachkommen haben immer eine große Ähnlichkeit mit den Organismen, aus denen sie hervorgegangen sind. Sie haben sich ja nach derselben DNS oder »Anleitung« entwickelt.

Wie entstehen neue Arten?

Nachkommen entwickeln sich also mehr oder weniger nach denselben Anleitungen wie ihre Vorfahren. Natürlich kann der Nachkomme eines Fisches immer nur ein Fisch sein, aber niemals eine Katze. Ob das in jedem Fall gilt, zeigt ein Rückblick auf die Entwicklung des Lebens auf unserem Planeten.

Die Erde entstand vor mehr als 4,6 Milliarden Jahren. Einige hundert Millionen Jahre gab es keinerlei Lebewesen auf unserem Planeten, bis vor etwa 3,8 Milliarden Jahren etwas Ungewöhnliches geschah. Es entstand ein einzelliges Lebewesen, das Ähnlichkeit mit den heute bekannten Bakterien hatte. In den folgenden Milliarden Jahren haben sich daraus unzählige und auch sehr verschiedene Lebensformen entwickelt wie lebensbedrohende Bakterien, Dinosaurier, Parasiten, Menschen, Mammutbäume und Ameisen. Wie konnte es dazu kommen? Wenn die Nachkommen immer ihren Vorfahren ähneln, dürfte es doch auf der Erde nur Kopien von Lebewesen geben, die schon vor Milliarden Jahren gelebt haben. Es kann aber vorkommen, dass beim Kopieren der im Erbgut enthaltenen Informationen Fehler unterlaufen.

Schon eine leicht veränderte Zusammensetzung der Nukleotiden-Bausteine führt zu einer neuen Information. Das ist vergleichbar mit einem Kochrezept, in dem das Wort »Pilz« durch »Pils« ersetzt wird. Dieser »Fehler«, den man als Mutation bezeichnet, ist eigentlich nicht vorteilhaft. Der betroffene Organismus ist meist nicht lange lebensfähig und kann keine Nachkommen zeugen.

In einigen Fällen kann die neue Information auch besser als die alte sein. Für die Nachkommen eröffnen sich dann andere, verbesserte Lebensmöglichkeiten. Wenn sich das »neue Modell« bewährt und für die Art vorteilhaft ist, wird es sich irgendwann durchsetzen und weiter vererbt. Die Mutation ist also eine wichtige Vorraussetzung für die vielfältige Weiterentwicklung von Arten.

Geschlechtliche Fortpflanzung beschleunigt im Vergleich zur Mutation das Auftreten von solchen Abweichungen. Die Informationen werden in diesem Fall nicht fehlerhaft übernommen, sondern werden ganz neu sortiert. Das Erbgut der Nachkommen ist dann eine Mischung aus den Genen der Eltern und kann deshalb nicht mehr genau gleich sein.

Auch zwischen Geschwistern gibt es Unterschiede, weil es ziemlich unwahrscheinlich ist, dass das Erbgut, das sie jeweils zur Hälfte von den Eltern bekommen, immer wieder in der gleichen Anordnung vorkommt. Alle Lebewesen, die durch geschlechtliche Fortpflanzung entstehen, haben ein eigenes, unverwechselbares Erbgut. Die Anordnung der Gene ist bei jedem dieser Lebewesen unterschiedlich, so wie jeder Fingerabdruck bei Menschen unterschiedlich ist.

Fische und
Niedere Wirbeltiere:
18 800 Arten

Insekten:
950 000 Arten

Plathelminthen
(Plattwürmer):
12 200 Arten

Nematoden:
(Fadenwürmer)
12 000 Arten

Annelliden: (Ringelwürme
12 000 Arten

WER HAT DIE MEISTEN ARTEN?

Die artenreichsten Tiergruppen sind nicht etwa Säugetiere oder Vögel, sondern die Insekten. Im Bild sind die Vertreter der Tierarten in einer Größe dargestellt, die jeweils der Anzahl der bekannten Arten entspricht.

Vögel:
9 000 Arten

Mollusken (Weichtiere): 50 000 Arten

Hohltiere
(Korallen und Quallen):
9 000 Arten

Reptilien:
6 300 Arten

Säugetiere:
4 000 Arten

Stachelhäuter
(Seeigel und Seesterne): 6 100 Arten

Schwämme:
5 000 Arten

Gliederfüßer: (Krustentiere,
Spinnentiere, Tausendfüßler)
123 000 Arten

Amphibien:
4 200 Arten

PFLANZEN

Das Diagramm zeigt die Systematik der Pflanzen mit Ausnahme der Wasserpflanzen. Die häufigsten sind oberirdisch wachsende Bedecktsamer oder Blütenpflanzen. In Gewässern kommen oft niedere Pflanzenarten vor wie Algen mit 26 900 bekannten Arten.

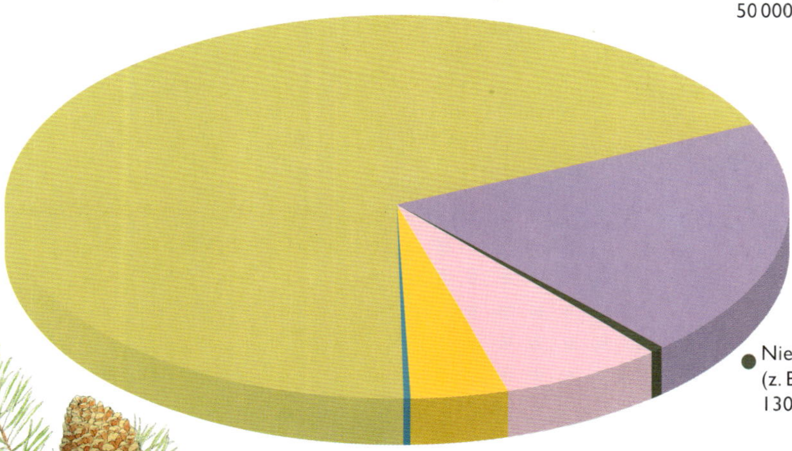

● Bedecktsamer:
170 000 Arten

● Einkeimblättrige
Bedecktsamer:
50 000 Arten

● Niedere Pflanzen
(z. B. Algen):
1300 Arten

● Nacktsamer:
529 Arten

● Farnpflanzen:
10 000 Arten

● Moospflanzen:
16 600 Arten

Die Erhaltung von Arten

Jedes Lebewesen auf dieser Erde unterscheidet sich von allen anderen auf Grund seines einzigartigen Erbguts. Organismen, die sich durch Zellteilung vermehren, sind Ausnahmen. Sofern es bei ihnen nicht zu Mutationen kommt, ist die DNS bei ihren Vorfahren und Nachkommen völlig identisch. Wenn man die Unterschiede zwischen den Lebensformen untersuchen will, ist es sinnvoll, sich weniger mit den Einzelwesen als mit den jeweiligen Arten zu beschäftigen, das heißt mit den Gruppen von Lebewesen, die sich paaren und auch fortpflanzungsfähige Nachkommen hervorbringen kön-

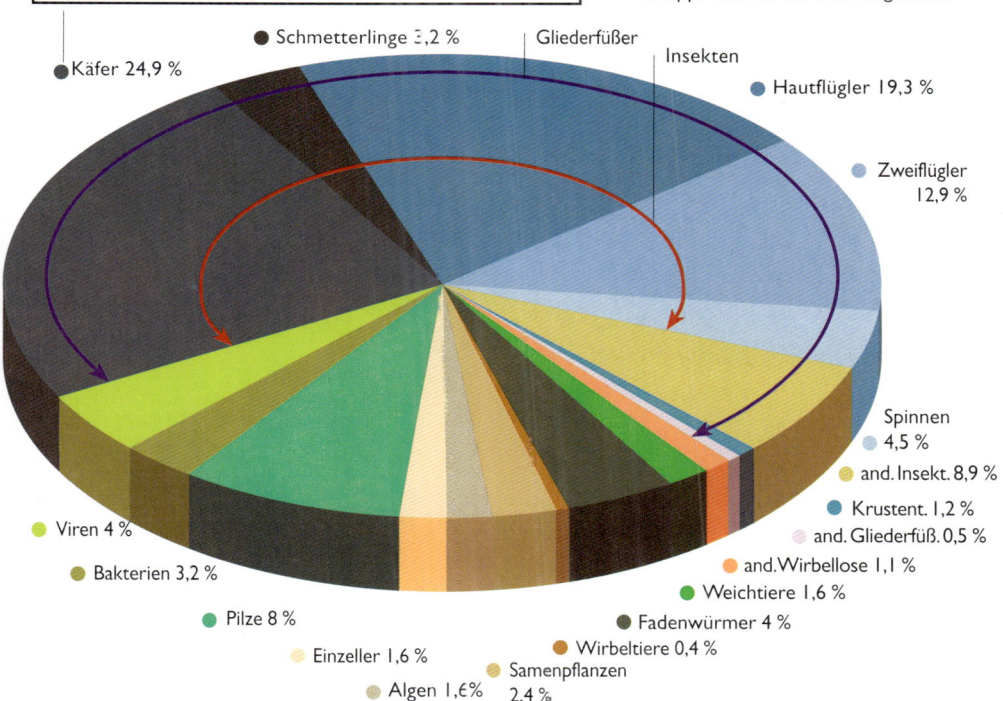

Etwa 1,5 Millionen verschiedene Arten sind mittlerweile bekannt. Die Anzahl noch unbekannter Arten ist mit einigen dutzend Millionen aber weitaus größer. Dazu zählen auch meist winzig kleine Organismen. Fast alle Säugetiere sind bekannt. In der Grafik ist der geschätzte Anteil für jede Gruppe von Lebewesen dargestellt.

Schmetterlinge 3,2 %

Gliederfüßer

Käfer 24,9 %

Insekten

● Hautflügler 19,3 %

● Zweiflügler 12,9 %

Spinnen
● 4,5 %

● and. Insekt. 8,9 %

● Krustent. 1,2 %

● and. Gliederfüß. 0,5 %

● and. Wirbellose 1,1 %

● Weichtiere 1,6 %

● Fadenwürmer 4 %

● Wirbeltiere 0,4 %

Samenpflanzen 2,4 %

● Algen 1,6 %

● Einzeller 1,6 %

● Pilze 8 %

● Bakterien 3,2 %

● Viren 4 %

nen. Jedes Individuum hat zwar nur eine relativ kurze Lebensdauer. Seine Gene aber werden über viele Generationen an die Nachkommen weitergegeben.

Gibt es von einer Art zu wenige Exemplare sodass sie sich nicht paaren und vermehren können, müssen mit ihnen auch ihre Gene aussterben. Leben viele Einzelwesen einer Art unter günstigen Bedingungen, können sie sich auch in großem Umfang fortpflanzen. Der ihrem Erbgut enthaltene Schatz bleibt über hunderte, tausende oder sogar Millionen Jahre erhalten. Die Vielfalt der verschiedenen Lebensformen auf unserem Planeten ist daher ohne Artenschutz nicht möglich.

Die Darstellung verwandtschaftlicher Beziehungen von Lebewesen und der Grad ihrer Verwandtschaft wird in der Biologie als Systematik oder Klassifikation bezeichnet. Eine Art stellt die kleinste Einheit in diesem System dar. Die Häufigkeit verschiedener Arten kann den Wissenschaftlern als Anhaltspunkt für die biologische Vielfalt (Diversität) eines Lebensraumes dienen. Allein die Artenzahl kann aber noch nicht zuverlässig Aufschluss über die biologische Vielfalt eines Gebietes geben, und bei Lebewesen, die sich nur ungeschlechtlich vermehren und somit keine eigenen Arten bilden, ist sie auch nicht dafür geeignet.

BIOLOGISCHE VIELFALT WELTWEIT

Auf unserem Planeten gibt es Regionen mit großem und weniger großem Artenreichtum. Die Karte zeigt die biologische Vielfalt auf den einzelnen Kontinenten. Die Farben beziehen sich auf die jeweiligen Artenzahlen von Säugetieren, Vögeln und Pflanzen pro 10 000 qkm.

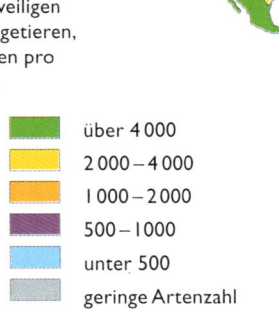

- über 4 000
- 2 000 – 4 000
- 1 000 – 2 000
- 500 – 1 000
- unter 500
- geringe Artenzahl

Europa

Die Wälder Europas sind vergleichsweise artenarm, obwohl sie der Lebensraum der wichtigsten Wirbeltiere und wirbellosen Lebewesen sind. Artenreich sind die Regionen am Mittelmeer, besonders das ehemalige Jugoslawien, Griechenland und die Türkei.

Antarktis

Die raue Klima der Antarktis bietet kaum Lebensmöglichkeiten. Die biologische Vielfalt ist hier noch geringer als in anderen Gebieten. Es gibt hier vor allem kälteunempfindliche Bakterien, wenige Arten von Vögeln, Fischen und Säugetieren.

Südamerika

In den Regenwäldern Brasiliens gibt es die größte Vielfalt an Säugetieren und Pflanzen auf der Erde. Dazu zählen auch Pflanzenarten, die es nirgendwo sonst gibt. Kolumbien ist das Land mit der größten Artenzahl an Vögeln und Amphibien.

Fortentwicklung der Arten

Bis heute haben die Wissenschaftler etwa.1,5 Millionen verschiedene Arten entdeckt. Die Zahl der noch unbekannten Arten ist aber weitaus größer; Schätzungen gehen von 30 Millionen oder sogar 100 Millionen aus. Außerdem nimmt man an, dass die heute existierenden Arten nur 1 % aller seit Entstehung der Erde in Erscheinung getretenen Arten ausmachen.

Angesichts dieser Zahlen wird leicht vorstellbar, in welch unendlich großer Fülle sich das Leben auf der Erde entwickelt hat. Wodurch wurde das Erscheinen so vieler Arten möglich? Durch eine ständige Fortentwicklung, die als Evolution bezeichnet

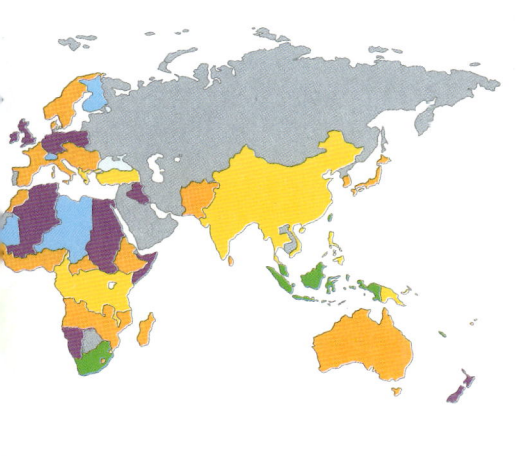

Australien
Auf diesem Kontinent gibt es die meisten Reptilien und endemischen Säugetiere, wie zum Beispiel die Beuteltiere, die in Europa, Asien und Afrika gar nicht und in Amerika nur äußerst selten vorkommen.

Afrika
Dieser Kontinent weist vor allem am Äquator und im Süden eine große Artenvielfalt auf. Der nördliche Teil mit den großflächigen Wüsten ist dagegen kaum besiedelt. Es wird geschätzt, dass allein in Südafrika 10 % aller Pflanzen-, Fisch- und Vogelarten und 6 % der Reptilien und Säugetiere vorkommen.

INSELARTIGE LEBENSRÄUME

Auffällig ist die unterschiedliche Entwicklung von Lebewesen auf Inselgruppen, wo der Austausch von Arten durch die trennenden Wasserflächen häufig erschwert wird, ebenso in Lebensräumen, die dauerhaft oder zeitweise voneinander getrennt werden.

Amazonas

Das Landschaftsbild wandelt sich hier sehr oft. Bei Trockenheit entstehen Inseln, bei Regen werden weitläufige Gebiete überschwemmt, Wasserläufe ändern ihren Verlauf. Tierpopulationen werden dabei auseinander gerissen. So bilden sich genetische Unterschiede, die Ursache für das Entstehen neuer Arten sein können.

wird und die nach einer bestimmten Regel funktioniert: der natürlichen Auslese von Arten, die am besten an ihre Umwelt angepasst sind.

Natürlich spielen auch Zufälle eine Rolle, zum Beispiel wenn einige Individuen von ihren Artgenossen dauerhaft getrennt werden und eine eigenständige Entwicklungslinie einschlagen. Das kann durch natürliche Hindernisse, zum Beispiel einen neuen Flussverlauf, gefördert werden oder weil einige Artgenossen in ein anderes Gebiet ziehen. In solchen Fällen kommt es häufig zu Unterschieden zwischen beiden Gruppen. Es fehlen die Kreuzungen, durch welche die Gene innerhalb einer Population ständig vermischt werden. So kann in einem der beiden Lebensräume ein neuer Räuber auftauchen, der schwächere Exemplare ausrottet. Dann kommt es zur Auslese größerer und stärkerer Individuen. Es ist auch möglich, dass dort Nahrungsgründe sind, zu denen nur bestimmte Tiere Zugang haben. Auch Unterschiede im Balzverhalten können sich entwickeln. Je länger die Trennung dauert, desto zahlreicher werden die Unterschiede. Wenn beide wieder Tiergruppen in Kontakt kommen, ist eine Paarung der beiden Gruppen untereinander nicht mehr möglich, es gibt keine fortpflanzungsfähigen Nachkommen mehr. Die Individuen gehören dann zwei verschiedenen Arten an.

Küstengebiete in Neuguinea
Vor langer Zeit wurden durch den allmählichen Anstieg des Meeresspiegels große Küstengebiete überflutet. Höher liegende Bereiche wurden dadurch zu Inseln. Hier ansässige Arten haben sich so unabhängig voneinander entwickelt, dass sie deutliche Unterschiede zu den Artgenossen benachbarter Inseln aufweisen.

Hawaii-Inseln
Vom Wind getrieben oder durch Vögel verbreitet, gelangen Samen, Insekten und Pflanzen manchmal von einer Insel zur nächsten. Um unter den oftmals veränderten Lebensbedingungen leben zu können, müssen sie sich anpassen. So wird das Entstehen neuer Arten begünstigt.

Diese Entwicklung wird auch dann begünstigt, wenn sich ein ganzer Lebensraum verändert. Dazu kam es durchaus häufig in der Entwicklungsgeschichte der Erde, zum Beispiel vor oder nach den Eiszeiten, in deren Einflussbereich nur noch Arten überleben konnten, die die nötigen Voraussetzungen für ein Leben in der Kälte mitbrachten. Während sich Hochgebirgsarten oder jene arktischer Gebiete ausdehnten, hatten die übrigen nur zwei Möglichkeiten: sich den neuen Bedingungen anzupassen oder sich dort zurückzuziehen, mit anderen Worten, entweder sie entwickeln sich weiter oder sie werden ausgerottet.

Da die Individuen innerhalb einer Art nicht gleich sind, kann es bei Veränderungen in ihrem Lebensraum dazu kommen, dass einige über Gene verfügen, mit denen sie die neue Situation besser bewältigen können. Wenn das Klima rauer wird, sind zum Beispiel Tiere mit dichterem und längerem Fell im Vorteil. Im Vergleich zu den anderen leben sie besser und können für mehr Nachkommen sorgen. Nach einiger Zeit besteht dann die gesamte Population aus Tieren mit langem Fell.

Durch die natürliche Auslese werden also günstige Eigenschaften immer zahlreicher und weniger günstige verschwinden. Wenn sich die äußeren Bedingungen sehr stark ändern, bilden sich bei den neuen Generationen so viele Unterschiede, dass vollkommen andere Lebewesen entstehen, die kaum noch Ähnlichkeit mit ihren Vorfahren haben. Eine Kreuzung wäre dann auch rein theoretisch nicht mehr möglich. Auf diese Weise hat sich eine neue Art entwickelt und damit das Leben auf unserem Planeten wieder um einen neuen Baustein im Haushalt der Natur bereichert.

Tropheus duboisi
Diese Art lebt im Schutz von Felsen und ernährt sich von Algen. Sie kommt nur selten aus ihrer Deckung. So existieren in einem See kleinflächig voneinander getrennt verschiedene Populationen. Oft sind sie ganz unterschiedlich gefärbt.

Tanganicodus irsacae
Mit ihrem spitzen Maul ernährt sich diese Art von Wasserinsekten, die sie in Gesteinsritzen findet.

Eretmodus cyanosticus
Dieser Fisch lebt in Ufernähe n bewegtem Gewässer. Er weidet Felsen ab, auf denen Algen wachsen.

Haplotaxodon tricoti
Diese Art ist ziemlich groß. Bei Gefahr flüchten die Kleinen ins Maul der Mutter.

Lamprologus ocellatus
Der sehr kleine Fisch kommt nur in ruhigen Gewässern vor. Die Weibchen leben mit den Kleinen in leeren Schneckenhäusern. Die größeren Männchen haben keinen Platz darin, bewachen aber die Behausungen. Manchmal legen sie mehrere zusammen, wie die Gemächer in einem Harem.

Beziehungsgeflecht der Arten

Leben ist nur dort möglich, wo Wärme, Sauerstoff und Wasser vorhanden sind und wo es genügend Nahrung und Raum für Wachstum und Fortpflanzung gibt. Nach derzeitiger Kenntnis gibt es dafür nur einen geeigneten Ort im Universum. Es ist der Teil unseres Planeten Erde, den man als Biosphäre bezeichnet.

Wo Leben möglich ist

Die Biosphäre besteht aus der obersten Schicht der Erdoberfläche, den Ozeanen und der untersten Schicht der Atmosphäre. Ohne die Sonne als Energiespender und die großen Wasserreserven wären die unverzichtbaren Voraussetzungen für das Vorhandensein von Leben nicht gegeben. Alle lebensnotwendigen Mineralstoffe sind im Wasser vorhanden.

Die Zusammensetzung der Luft aus den wichtigsten Gasen wie Sauerstoff, Kohlendioxid und Stickstoff ist ideal. Für die Erde hat die gesamte Atmosphäre die Funktion

Erde
So sieht die Biosphäre aus dem Weltall betrachtet. Theoretisch besteht die Möglichkeit, dass es noch einige tausend Planeten gibt, auf denen Leben möglich ist. Doch bis jetzt hat man keine Spuren außerirdischen Lebens gefunden.

Oberflächen-gewässer
Der größte Teil des Lebens unter Wasser spielt sich in Bereichen ab, in die noch Sonnenlicht reicht. Es ist die Zone der Algen, des winzig kleinen Phytoplankton, der Tiere, die sich davon ernähren und der Räuber, die diese wiederum jagen.

Tiefsee
Bis zu 11 km unter dem Meeresspiegel gibt es Leben in Form von Organismen, die sich aus abgestorbenen, herabsinkenden Stoffen ernähren.

einer schützenden Hülle, sie hält die schädlichen Strahlen der Sonne ab und fängt deren Wärme ein. So ist unser Planet tagsüber vor Überhitzung und nachts vor starker Abkühlung geschützt. Wie wichtig dieser Schutz ist, zeigt der Vergleich mit dem Mond. Er hat keine Atmosphäre, die Temperaturen schwanken dort zwischen 130 °C am Tag und 150 °C in der Nacht.

Jedes Lebewesen entzieht im Verlauf seiner Existenz der Ökosphäre einen Teil ihrer Bestandteile, zum Beispiel Sauerstoff oder Mineralstoffe. Kohlendioxid und organische Moleküle aus den Exkrementen werden von den Organismen in die Ökosphäre abgegeben.

Im Verlauf von Milliarden Jahren hat sich in den Beziehungen der Lebewesen ein

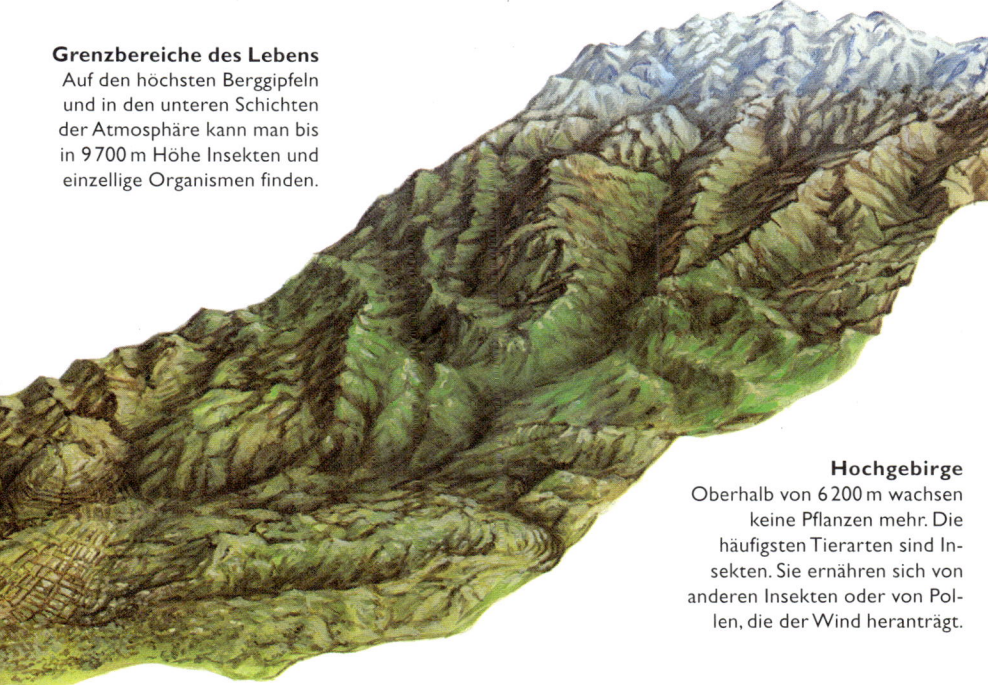

Grenzbereiche des Lebens
Auf den höchsten Berggipfeln und in den unteren Schichten der Atmosphäre kann man bis in 9 700 m Höhe Insekten und einzellige Organismen finden.

Hochgebirge
Oberhalb von 6 200 m wachsen keine Pflanzen mehr. Die häufigsten Tierarten sind Insekten. Sie ernähren sich von anderen Insekten oder von Pollen, die der Wind heranträgt.

Erdkruste
Bis zu einer Tiefe von 2 km finden sich Lebewesen, wie zum Beispiel Bakterien, die sich von Kohlenwasserstoffen aus Erdölvorkommen ernähren.

Landoberfläche
Bis zu 6 200 m über dem Meeresspiegel kann das Land von Fflanzen besiedelt werden, die einem Großteil der Tiere Nahrung und Schutz bietet.

BIOSPHÄRE
Alle bekannten Lebewesen befinden sich auf der Erde in einer 20 km umfassenden Zone aus Luft, Boden und Wasser.

Gleichgewicht entwickelt, so-dass jeder von einem Lebewesen verbrauchte Stoff von einem anderen wieder ersetzt wird. Im Folgenden soll dieses Wechselspiel des Lebens untersucht werden.

Energie und Materie

Ein Lebewesen besteht hauptsächlich aus zwei Bestandteilen: Energie zum Beispiel in Form von Wärme oder der Fähigkeit sich zu bewegen und Materie, also einzelnen Atombausteinen. Beide Bestandteile benötigt es zur Erhaltung seiner Zellfunktionen, zum Heilen von Krankheiten, zum Wachsen und Fortpflanzen.

Mit Ausnahme einiger Bakterien, die Wärme aus dem Erdinneren nutzen, beziehen alle Erdbewohner ihre Energie aus dem Licht der Sonne. Die Sonnenenergie wird aber nur von Pflanzen und einigen Bakterien auf direktem Weg durch die so genannte Fotosynthese umgewandelt und so auch für andere Lebewesen nutzbar gemacht.

Bei der Fotosynthese wird die Sonnenenergie aufgenommen und von den Pflanzen genutzt, um die in Wasser und Luft enthaltenen Kohlenstoff-, und Wasserstoffatome in verwertbare Nährstoffe wie zum Beispiel Zucker (Kohlenhydrate) umwandeln zu können. Dabei wird Sauerstoff freigesetzt, der von den Pflanzen nicht benötigt wird und an die Luft gewissermaßen als Abfallprodukt abgegeben werden kann. Deshalb sind Pflanzen für uns ein so wichtiger Sauerstofflieferant, denn wir brauchen ja den von ihnen abgegebenen Sauerstoff für unsere Atmung. Eine gewisse Menge der produzierten Zuckermoleküle geht in das Gewebe der Pflanzen über. Zellulose zum Beispiel, der Hauptbestandteil von Holz, ist

Sonnenenergie

Bei jedem Energieaustausch zwischen Lebewesen entsteht ein beachtlicher Energieverlust in Form von Wärme. Würde die Sonne nicht täglich neue Energie liefern, wäre der Vorrat auf der Erde bald verbraucht.

Pflanzen

8 % der Sonnenenergie wird von Pflanzen eingefangen und in Zuckermolekülen gespeichert. Eine Pflanze verbraucht 15 – 70 % dieser Energie für ihre Lebensfunktionen. Der Rest bleibt in den Zuckermolekülen ihrer Gewebe erhalten.

Pflanzenfresser

Die so genannten Herbivoren wandeln die Energie pflanzlicher Zuckermoleküle für ihren Stoffwechsel um, wobei Wärme frei wird. Was übrig bleibt, speichern die Tiere in ihren Gewebezellen.

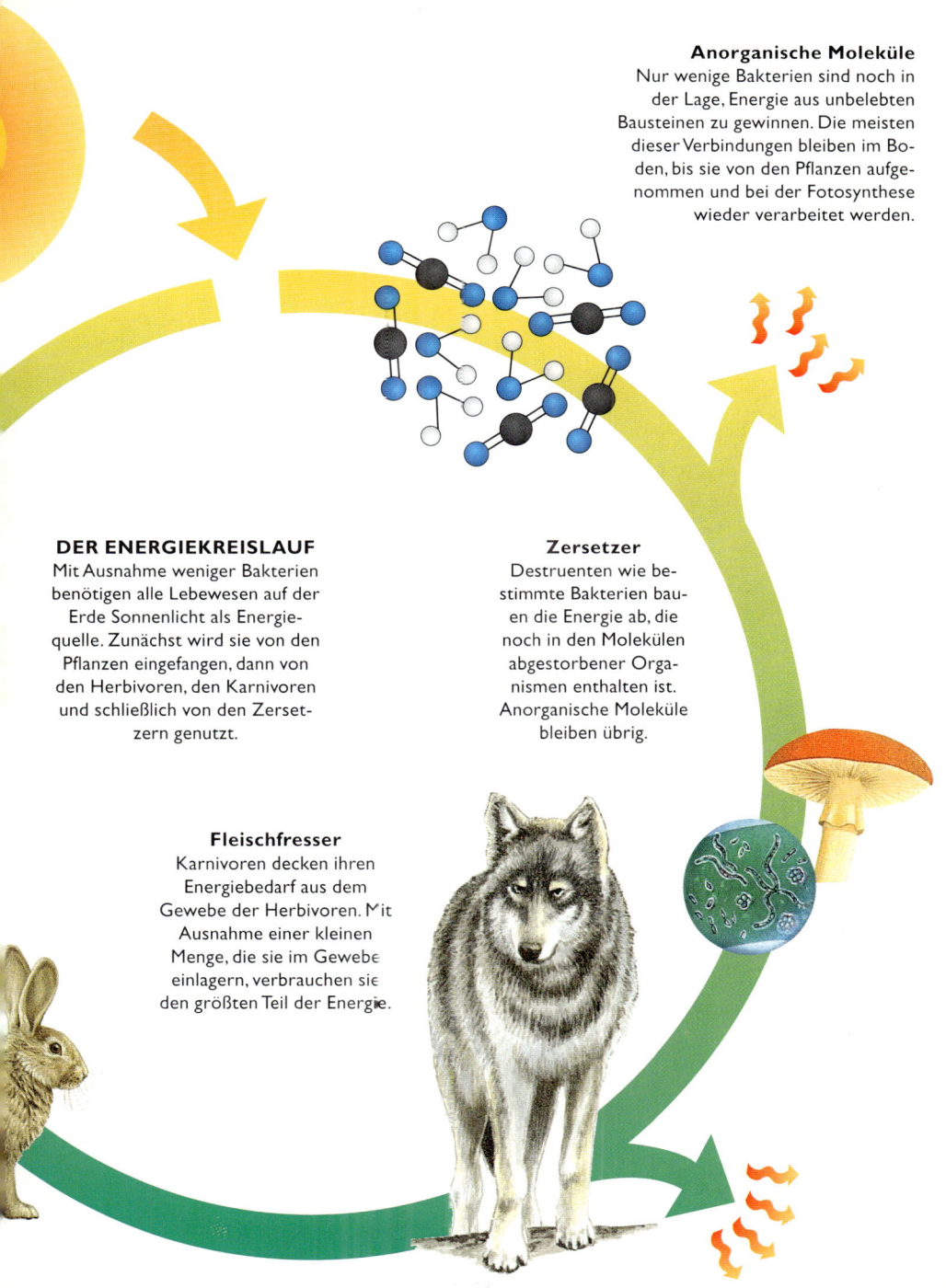

Anorganische Moleküle
Nur wenige Bakterien sind noch in der Lage, Energie aus unbelebten Bausteinen zu gewinnen. Die meisten dieser Verbindungen bleiben im Boden, bis sie von den Pflanzen aufgenommen und bei der Fotosynthese wieder verarbeitet werden.

DER ENERGIEKREISLAUF
Mit Ausnahme weniger Bakterien benötigen alle Lebewesen auf der Erde Sonnenlicht als Energiequelle. Zunächst wird sie von den Pflanzen eingefangen, dann von den Herbivoren, den Karnivoren und schließlich von den Zersetzern genutzt.

Zersetzer
Destruenten wie bestimmte Bakterien bauen die Energie ab, die noch in den Molekülen abgestorbener Organismen enthalten ist. Anorganische Moleküle bleiben übrig.

Fleischfresser
Karnivoren decken ihren Energiebedarf aus dem Gewebe der Herbivoren. Mit Ausnahme einer kleinen Menge, die sie im Gewebe einlagern, verbrauchen sie den größten Teil der Energie.

NAHRUNGSPYRAMIDEN

Jeder Organismus setzt nur 5 – 20 % der in der Nahrung enthaltenen Energie um (im Beispiel die Prärie Nordamerikas). Die Masse aller Pflanzen versorgt eine im Vergleich geringere Menge Pflanzenfresser. Von diesen lebt eine noch kleinere Anzahl räuberischer Fleischfresser, die wiederum von noch größeren Raubtieren gefressen werden.

Übergeordnete Raubtiere
Roter Mäusebussard, Wolf, Königsadler, Virginia-Eule

Räuberische Fleischfresser
Iltis, Gottesanbeterin, Amerikanischer Dachs, Kornweihe, Fichtenmarder, Kaninchen-Eule, Präriefalke, Klapperschlange

Pflanzenfresser
Jackrabbit, Bison, Streifenziesel, Heuschrecke, Sperlingsweber, Virginia-Wachtel, Präriehuhn, Ziegenantilope, Pferdehirsch, Gopherschildkröte

ein Riesenmolekül, das aus zahlreichen Zuckerbausteinen besteht. Der verbleibende Zucker wird als jederzeit auffüllbarer Energiespeicher gelagert und erst, wenn Energie für die normale Zelltätigkeit erforderlich ist oder zum Zellaufbau genutzt. Dieser Vorgang heißt Zellatmung. Für seinen Ablauf wird Sauerstoff (aus der Luft) verbraucht und Wasser sowie Kohlendioxid freigesetzt. Aus ihrer Umgebung, hauptsächlich aus dem Boden, entnehmen die Pflanzen Stickstoff, Phosphate und andere Rohstoffe zur Herstellung neuer Zellen.

Alle Organismen, die keine Fotosynthese betreiben können, wie die meisten Tiere und der Mensch, werden über die Nahrung mit der notwendigen Energie und Nährstoffen versorgt. Sie nehmen das Gewebe von Pflanzen und anderen Lebewesen auf, das ja die benötigten Stoffe enthält, verdauen es, und fördern damit notwendige Stoffwechselvorgänge im eigenen Körper. Dieser Prozess ist mit der Atmung bei

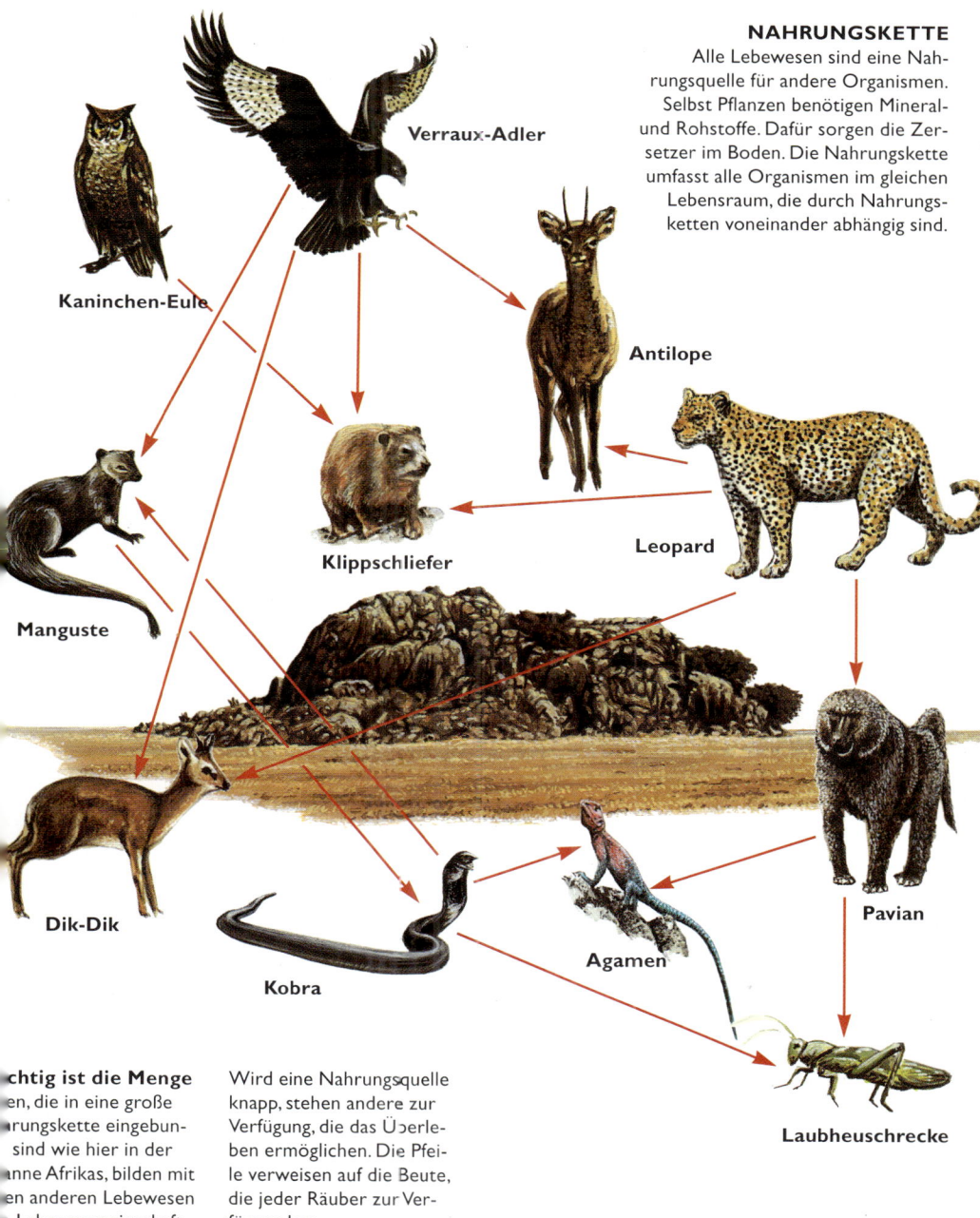

Verraux-Adler

Kaninchen-Eule

NAHRUNGSKETTE

Alle Lebewesen sind eine Nahrungsquelle für andere Organismen.
Selbst Pflanzen benötigen Mineral-
und Rohstoffe. Dafür sorgen die Zersetzer im Boden. Die Nahrungskette
umfasst alle Organismen im gleichen
Lebensraum, die durch Nahrungsketten voneinander abhängig sind.

Antilope

Manguste

Klippschliefer

Leopard

Dik-Dik

Kobra

Agamen

Pavian

Laubheuschrecke

...chtig ist die Menge
...en, die in eine große
...rungskette eingebun-
...sind wie hier in der
...nne Afrikas, bilden mit
...en anderen Lebewesen
...e Lebensgemeinschaft.

Wird eine Nahrungsquelle
knapp, stehen andere zur
Verfügung, die das Überleben ermöglichen. Die Pfei-
le verweisen auf die Beute,
die jeder Räuber zur Ver-
fügung hat.

STOFFKREISLÄUFE

Im Gegensatz zur Energie, die bei jedem Wechsel von einem Lebewesen zum anderen verbraucht wird, bleiben die Elemente aus denen ein Lebewesen besteht, immer in der Biosphäre und gehen in andere Formen oder in die Umwelt über. Die riesigen Stoffkreisläufe auf der Erde lassen sich wie hier schematisch verdeutlichen.

Mineralstoffkreislauf im Meer

Mineralsalze
Auf dem Festland sind Mineralsalze im Überfluss vorhanden. Sie werden von den Flüssen ins Meer gespült.

Phytoplankton
Im Meer werden die Mineralstoffe in mikroskopisch kleine Organismen eingebaut, die Fotosynthese betreiben können und das Phytoplankton bilden.

Fischerei
Der Mensch ernährt sich von Fischen und ist damit auch am großen Kreislauf der Mineralsalze beteiligt.

Das Freiwerden der Mineralsalze
Aufsteigende Strömungen transportieren Mineralsalze aus toten Organismen an die Oberfläche. So werden sie wieder von den Lebewesen aufgenommen.

Wiederaufbereitung von Mineralstoffen
Tote Meeresorganismen sinken auf den Grund, wo das Gewebe von Zersetzern abgebaut wird. Aus den Mineralstoffen werden wieder anorganische Mineralsalze.

Tiere
Ihren Mineralstoffbedarf decken Tiere aus der Nahrung, zum Beispiel Phytoplankton, oder aus anderen Tieren.

Kohlenstoffkreislauf

Durch Fotosynthese wird der im Kohlendioxid enthaltene Kohlenstoff in organischen Verbindungen wie Zucker gebunden. So verarbeiten die Pflanzen jährlich in ihren Zellen 150 Milliarden Tonnen Kohlenstoff.

CO_2 aus Tieren

Tiere bauen einen Teil der aufgenommenen pflanzlichen Stoffe ab. Der darin enthaltene Kohlenstoff wird als CO_2 frei. Der restliche Kohlenstoffanteil bleibt im Zellgewebe der Tiere.

CO_2 aus Zersetzern

Zersetzer bauen Exkremente und abgestorbene Organismen ab. Darin enthaltener Kohlenstoff gelangt als Kohlendioxid wieder in die Atmosphäre.

CO_2 aus Pflanzen

Ein Teil des Zuckers aus der Fotosynthese wird rasch abgebaut. Die darin enthaltenen Kohlenstoffe gelangen als Kohlendioxid wieder in die Atmosphäre.

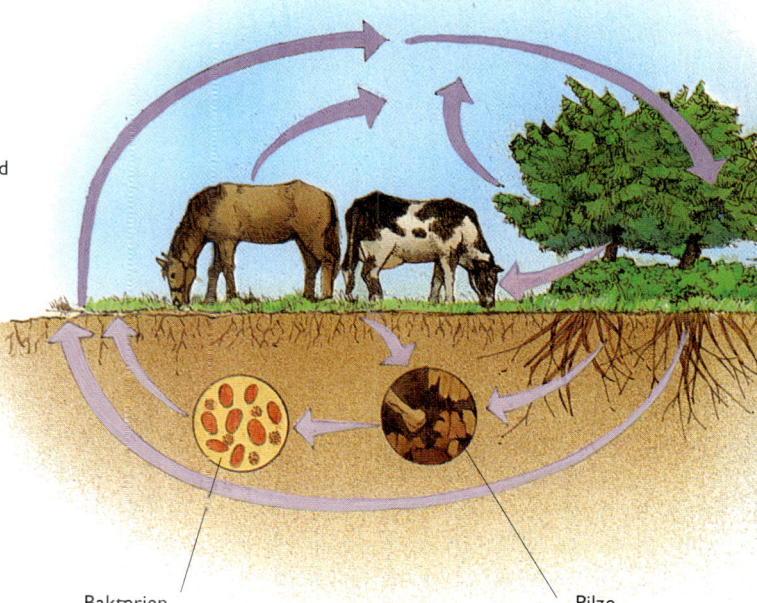

Bakterien

Pilze

Pflanzen vergleichbar. Tiere, die Pflanzen fressen, beziehen Energie und Materie aus Pflanzengewebe, Fleischfresser aus dem Gewebe anderer Tiere und Zersetzer (abbauende Organismen wie zum Beispiel Fliegen oder Pilze) aus abgestorbenem Gewebe.

Räuber und Beute

Alle Lebewesen, die keine Fotosynthese betreiben, müssen sich auf Kosten anderer ernähren. Lebewesen, die räuberisch leben machen beispielsweise Beute, um sie zu töten und zu fressen. Zu dieser Gruppe gehören so unterschiedliche Tiere wie Katzen, die Pflanzenfresser jagen, oder Vögel, die sich von Insekten oder Wirbellosen ernähren, oder Amöben, die sich wiederum von anderen Einzellern ernähren.

Die natürliche Auslese hat dazu geführt, dass die Räuber gelernt haben, immer besser zu jagen und gleichzeitig haben ihre

Opfer gelernt, immer bessere Möglichkeiten zu entwickeln, dem zu entgeghen.

Nun ist jedes Einzelwesen unterschiedlich leistungsfähig. Auch dem geschicktesten Räuber kann mal ein Beutezug misslingen. Dadurch ist er aber weder in seiner Existenz bedroht, noch in seinem Artbestand, weil er fast immer ein neues Opfer findet. Im Gegensatz dazu bleibt der Beute aber nichts anderes übrig, als bei jeder Bedrohung entweder zu fliehen oder andere Schutzmechanismen anzuwenden, weil sie sonst sterben müsste und sich nicht fortpflanzen könnte.

Das Leben der Räuber ist allerdings nicht ganz so einfach wie es scheinen mag. Nur etwa 30 % der Beutezüge eines allein jagenden Löwen sind erfolgreich. Jagen die Raubkatzen dagegen im Rudel, erhöht sich der Anteil schon auf 50 %.

Schutzfärbung und Tarnung

Im Kampf um das Überleben wenden die Lebewesen die verschiedensten Tricks an. Die zahlreichen Angriffs- und Verteidigungsstrategien sind dabei auch ein Ausdruck der biologischen Vielfalt, mit denen sich Tiere und Pflanzen an die jeweiligen Bedingungen in ihrem Lebensraum anpassen können.

Viele Organismen haben die Fähigkeit entwickelt, sich zu tarnen, zum Beispiel durch eine Schutzfärbung. Sie bewirkt, dass sie sich nicht vom Hintergrund abheben, sodass sie für mögliche Feinde kaum zu entdecken sind. Rehkitze haben deswegen ein geflecktes Fell und heben sich kaum von ihrer Umgebung im Unterwuchs des Waldes ab. Im Gegensatz dazu dient die Fellzeichnung eines Leoparden nicht der eigenen Verteidigung, sondern dazu, sich der

Ameisen
Diese Staaten bildenden Tiere haben einen sehr ausgereiften Gemeinschaftssinn. Obwohl sie so winzig sind, kann ein Ameisentrupp weitaus größere Tiere wie Raupen oder sogar kleine Wirbeltiere bezwingen.

NUTZNIESSER DER BEUTE
Die Opfer versorgen nicht nur ihren Jäger. Nach ihm finden noch viele andere Tiere Nahrung.

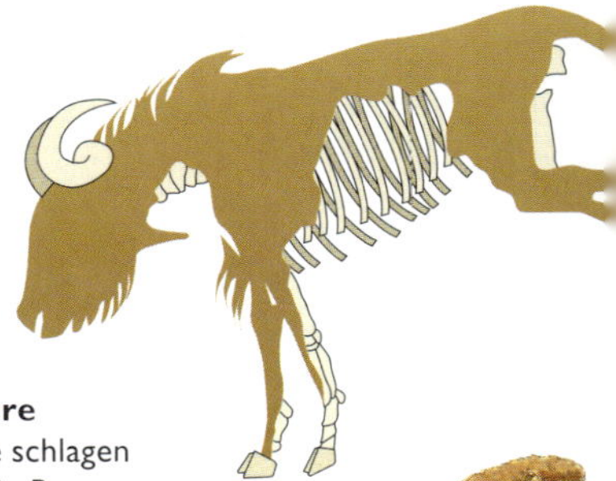

Raubtiere
Die Tiere schlagen eine große Beute, beispielsweise ein Gnu, verzehren aber nur einen Teil davon.

GEMEINSAMKEIT BRINGT VORTEILE

Die Gruppenbildung ist für Räuber und Beute gleichermaßen vorteilhaft. Raubtiere umzingeln ihre Beute auf der gemeinsamen Jagd erfolgreicher und die Gejagten sind in der Gruppe besser geschützt.

Fische

In großen Schwärmen gibt es genug Augen, die Überraschungsangriffe rechtzeitig wahrnehmen können. Zudem wird der Räuber durch die Bewegung vieler Individuen verunsichert, sodass er sich kaum auf ein einzelnes Tier konzentrieren kann.

Abfallbeseitiger

Geier, Krähen, Marabus und andere Aasfresser nehmen sich anschließend die Beute vor. Manchmal treten sie so zahlreich auf, dass der Räuber gezwungen wird, das Feld zu räumen, bevor er sein Mahl beendet hat.

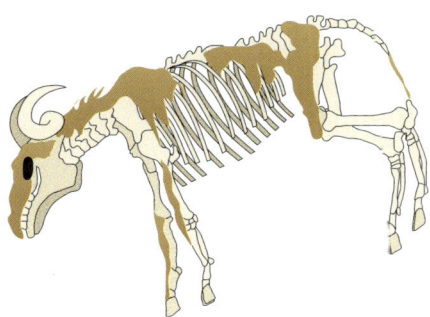

Zersetzer

Zum Schluss kommen Fliegen, Ameisen und Mikroorganismen. Sie machen sich über die letzten Fleischreste her. Nach wenigen Stunden bleibt nur das Skelett übrig.

VERTEIDIGUNG

Um ihren Jägern zu entkommen, haben die Opfer unterschiedliche Verteidigungstakt entwickelt.

Geschwindigkeit

Eichhörnchen und viele andere Tiere vertrauen auf ihre Geschwindigkeit und Wendigkeit.

Waffen

Einige Tiere, wie das südamerikanische **Stachelschwein, schrecken** den Feind mit ihren Stacheln ab.

Warnung

Viele giftige Tiere geben durch besondere Laute oder Färbung zu verstehen, wie gefährlich sie sind. Wenn eine Klap**perschlange ihren Schwanz be**wegt, schreckt sie damit ihre Feinde ab: Das typische Klappern erzeugt sie mit einer Reihe verhornter Hautringe.

 Beute möglichst unbemerkt nähern zu können.

Eine als Mimese bezeichnete Taktik wenden Insekten an, um ihren Jägern zu entgehen, indem sie einem Blatt täuschend ähnlich sehen und sogar Blattadern oder Blattkrankheiten nachbilden.

Eine weitere Art der Tarnung ist die so genannte Mimikry. Damit versuchen Organismen auszusehen wie Angehörige einer anderen Art. Für schutzlose, verlockende Beutetiere ist es von Vorteil, so auszusehen wie ungenießbare gefährliche Organismen, die von Räubern gemieden werden. Als

Tarnung

Viele Lebewesen, wie der Steinbutt, verteidigen sich, indem sie für ihren Angreifer fast unsichtbar werden. Diese Strategie heißt Schutzfärbung. Außerdem hat der Fisch gefährliche Stacheln am Rücken. Das darin enthaltene Gift kann Menschen töten.

Schutzschilde

Schildkröten haben einen robusten Panzer, in den sie sich zurückziehen können. So werden sie praktisch unerreichbar.

Gestank

Wiesel und viele andere Tiere setzen eine übel riechende Flüssigkeit zur Verteidigung ein und werden so unnahbar.

Verteidigungsstrategie funktioniert die Mimikry aber nur dann, wenn der Räuber möglichst oft auf die ungenießbare Beute trifft, weil die genießbare nicht sehr verbreitet ist. Er verbindet dann das Aussehen der Beute mit einer unangenehmen Erfahrung und wenn er damit öfter Bekanntschaft gemacht hat, kann er lernen, einen großen Bogen um jeden ähnlichen Organismus zu machen. Das nützt den Arten, die die ungenießbare Art nachahmen, um nicht gefressen zu werden. Wird die genießbarere Art aber in der Folge zu zahlreich, nimmt auch die Anzahl ihrer Räuber zu. Je häufiger sie nämlich auf genießbare Beute mit diesem Aussehen treffen, desto mehr verknüpfen sie dann damit die Vorstellung von einem Leckerbissen.

Symbionten und Parasiten

Alle Organismen in einem gemeinsamen Lebensraum sind mehr oder weniger stark voneinander abhängig. Die Beziehungen bestehen einerseits in dem engen Geflecht der Nahrungsketten, aber auch um sich gegenseitig zu schützen oder fortzupflanzen bilden Lebewesen Zweckgemeinschaften, die dauerhaft oder aber nur eine bestimmte Zeit lang bestehen. Ein Wald bietet zahlreichen Vögeln Schutz in den Bäumen, deren Früchte sie fressen. Mit ihren Exkrementen

MIMIKRY

Bei dem Versuch, sich zu verstecken oder andere Lebewesen nachzuahmen, kommt es oft zu komplizierten Rollenspielen.

ROLLENTAUSCH

Viele harmlose Schmetterlingsarten imitieren andere ungenießbare. Oft ist aber die Färbung der Männchen so typisch, dass sie keiner anderen Art ähneln können. Die Mimikry ist hier ausschließlich **Aufgabe der Weibchen.**

1

2

Ritterfalter
Die Weibchen dieser Art imitieren zwei Arten der Gattung *Atrophanura*. Diese sind ungenießbar, weil sie sich von übel schmeckenden Pflanzen ernähren. Bilder von links nach rechts: Andere *Papilio memnon-Weibchen* (1) imitieren die Art *Atrophanura nox* (2), wieder andere (3) imitieren *Atrophanura coon* (4).

Mondnatter
Das Gift dieser Schlange ist zwar nicht allzu giftig, für den Angreifer aber lästig. Zudem ist das Tier so auffällig gezeichnet, dass der Feind lernt, es zu meiden.

ROLLENSPIELE

In Amerika gibt es sehr viele Schlangenarten, die so ähnlich aussehen, dass sie fast nicht auseinander zu halten sind.

verbreiten sie die Samen und tragen so zum Wachstum neuer Pflanzen bei.

Manchmal entwickelt sich zwischen zwei Arten ein besonderes Verhältnis, ein dauerndes Zusammenleben, das man auch als Symbiose bezeichnet. Diese gibt es in den unterschiedlichsten Ausprägungen. Von Kommensalen (Mitessern, Nutznießern) spricht man, wenn einer der Partner vom anderen profitiert, ohne jedoch dem anderen damit zu schaden. Das ist zum Beispiel der Fall, wenn ein Lebewesen sich von den Abfällen eines anderen ernährt.

Die Symbiose bezeichnet also Beziehungen zwischen Partnern zu beiderseitigem Nutzen. Das trifft für viele Lebewesen zu und fällt so wenig auf, dass es oft kaum bemerkt wird. Beim so genannten Mutualis-

3

4

Simophis rhinistoma
Die Schlange ist harmlos, wird aber wegen ihrer großen Ähnlichkeit mit der Mondnatter von vielen Räubern gemieden.

Korallenotter
Diese Schlangenart ist sehr giftig und tödlich für den Räuber. Angreifer, die bereits Bekanntschaft mit der Mondnatter gemacht haben, werden wegen der großen Ähnlichkeit auch Korallenottern künftig meiden.

ZUSAMMENLEBEN VON ARTEN

Das Zusammenleben kann entweder für beide Arten vorteilhaft sein oder auch nur einem der beiden Nutzen bringen. Dann bleibt die Verbindung für den Wirt entweder folgenlos oder er wird geschädigt.

Acacia cornigera

Diese Akazienart lebt in Symbiose mit der sehr aggressiven Ameise *Pseudomyrma*. Die Insekten bewohnen Hohlräume bei den Sta-

cheln dieses Baumes, der sie mit Nektar versorgt. Als Gegenleistung greifen die Ameisen jedes Tier an, das es auf die Akazienblätter abgesehen hat.

Wühlmäuse

Die kleinen Nagetiere leben in Maulwurfgängen und ernähren sich von herabhängen-

den Wurzeln. Sie stören ihren Wirt nicht, er ernährt sich von Insekten und ist an Wurzeln nicht interessiert.

mus handelt es sich um eine enge Bindung zwischen verschiedenen Lebewesen, die oft geradezu voneinander abhängig sind. Viele Pflanzen beispielsweise sind nur dank einer Symbiose mit Pilzen und Bakterien lebensfähig. Pflanzen brauchen dringend Phosphat und Stickstoff, allerdings nicht in der Form, in der diese Elemente im Bo-

den vorkommen. Pilze und Bakterien nehmen die Substanzen auf und verarbeiten sie mit einer Reihe komplizierter chemischer Abläufe, sodass sie schließlich für die Pflanzen von Nutzen sind. Als Gegenleistung liefern die Pflanzen die notwendigen Nährstoffe. Das Zusammenleben von Ameisen und Blattläusen ist ein weiteres Beispiel: Die Blattläuse liefern den Amei-

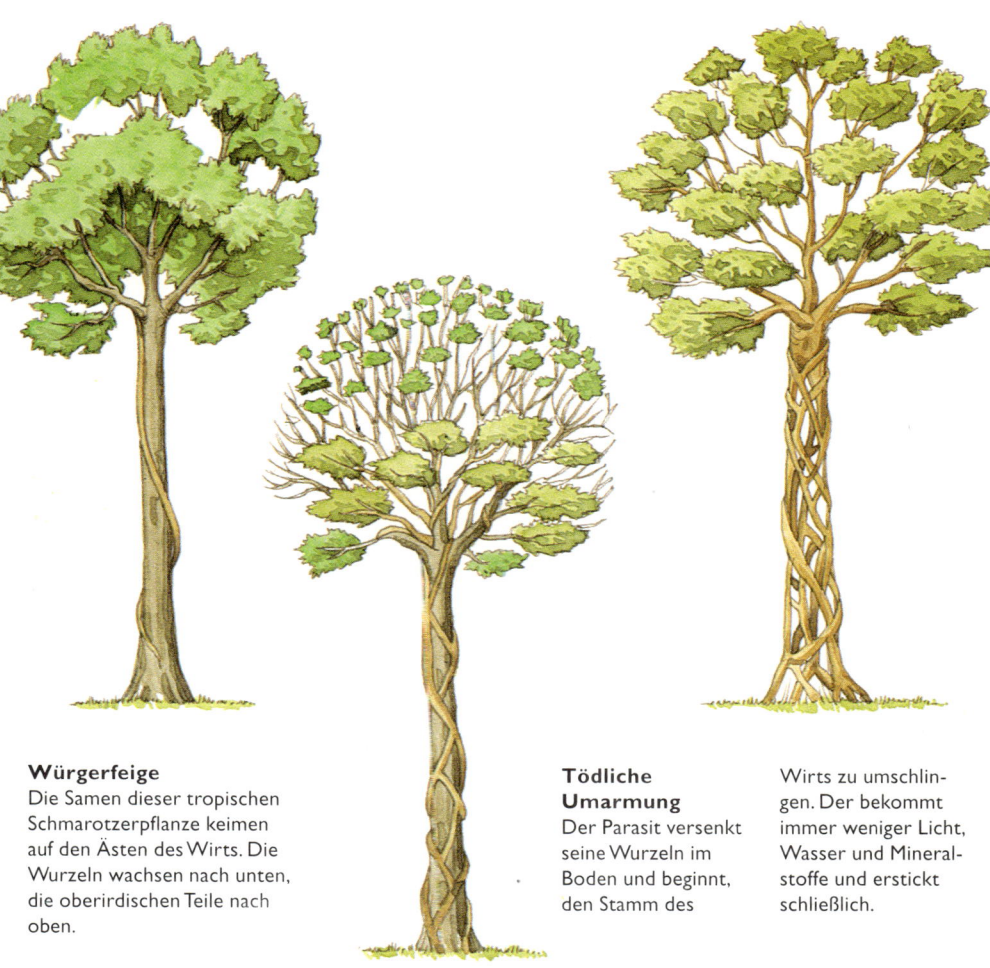

Würgerfeige
Die Samen dieser tropischen Schmarotzerpflanze keimen auf den Ästen des Wirts. Die Wurzeln wachsen nach unten, die oberirdischen Teile nach oben.

Tödliche Umarmung
Der Parasit versenkt seine Wurzeln im Boden und beginnt, den Stamm des

Wirts zu umschlingen. Der bekommt immer weniger Licht, Wasser und Mineralstoffe und erstickt schließlich.

sen Honigtau und werden dafür in ihrer Entwicklung von den Ameisen gefördert. Auch der Mensch lebt in Symbiose mit Bakterien im Darm, die bei der Verwertung der Nahrung dienlich sind. Wir liefern ihnen Nahrung und Schutz und sie machen sich nützlich, indem sie durch Umwandlung die für uns wertvollen Vitamine K und B herstellen.

Parasiten oder Schmarotzer stellen eine andere Art von Abhängigkeit zwischen Organismen dar. Hier lebt eine der beiden Arten auf Kosten der anderen, die keinerlei Nutzen, sondern im Gegenteil nur Schaden hat. Den geschädigten Organismus bezeichnet man als so genannten »Wirt«, der von seinem Gegner ausgenutzt wird. Parasiten nisten sich im Schutz ihres Wirts ein

REVIERBILDUNG

Die erste Voraussetzung zur Fortpflanzung ist die Eroberung eines Terrains. Hier findet die Paarung statt und hier werden die Jungen großgezogen. Es gibt verschiedene Möglichkeiten, ein Revier abzugrenzen, um Konkurrenten abzuschrecken. Als Beispiel dient hier das Gefüge in einem Eichenwald.

Zaunkönig
Der melodische Gesang des kleinen Vogels soll den Konkurrenten zeigen, dass er von einem Gebiet Besitz ergriffen hat.

Ameisen
Die gruppenweise Verteidigung eines Reviers fordert viele Opfer. Diese Strategie ist nur mit einem gut funktionierenden Sozialgefüge möglich. Nur wenige Tiere sind hier für die Fortpflanzung zuständig und werden von einer Vielzahl von Individuen beschützt und versorgt.

Hirsche
In der Brunft oder Paarungs-
zeit verteidigen die Hirsche
einen Harem von Hirsch-
kühen durch Kämpfe mit
ihren Konkurrenten. In der
übrigen Zeit sind sie absolu-
te Herrscher in einem Ge-
biet, auf dem sich ein bis
zwei Weibchen aufhalten.

Marder
Durch ständiges Durch-
streifen des Terrains
werden Eindringlinge
verjagt. Selten kommt es
zu richtigen Kämpfen.
Meist reicht die Anwe-
senheit der Besitzer, um
Konkurrenten abzu-
schrecken.

und entziehen ihm einen Teil
der Nahrung. Manchmal wohnen sie auch auf oder im Kör-
per des Wirts und ernähren sich von seinem Gewebe.

Lebewesen mit diesem Verhalten sind dadurch im Vorteil, dass ihnen im Schutz ihres Wirtes immer ausreichend Nahrung zur
Verfügung steht. Natürlich lassen sich die
Wirte das nicht immer gefallen und weh-
ren sich dagegen, was sie aber oft be-
trächtliche Energie kostet und schwächt.
Viele Parasiten führen ihrem Wirt nur geringen Schaden zu, um nicht zu viele seiner Kraftreserven zu verbrauchen oder ihn
gar zu töten, was den Verlust ihrer Nahrungsquelle zur Folge hätte.

Einige Krankheitserreger unter den Parasiten können auch mühelos den Wirt wechseln, wenn dieser nach schwerer Krankheit
schließlich stirbt. Da sie und ihre Nachkommen problemlos ein neues Ziel finden
werden, nehmen sie den Tod des Wirtsor-
ganismus in Kauf.

Fortpflanzung

Wie erfolgreich eine Art ist, zeigt sich an
ihrer Fähigkeit, Nachkommen zu zeugen.
Arten, deren Individuen sich nicht ausreichend vermehren, sind zum Aussterben
verurteilt. Dabei genügt es nicht, möglichst
viele neue Individuen hervorzubringen.
Wenigstens einige von ihnen müssen so
lange wachsen, bis sie selbst
Nachwuchs zeugen können.
Gerade für Nachkommen,
die sich selbst überlassen
sind und selbst für Nah-
rung sorgen müssen, ist
der Kampf ums
Überleben
schwer.

Manchmal werden sie schon leichte Beute eines Räubers, bevor sie gelernt haben, sich entsprechend zu verteidigen.

Zahlreiche Lebewesen lösen das Problem dadurch, dass sie möglichst viele Nachkommen in die Welt setzen. So besteht die Möglichkeit, dass wenigstens einige Exemplare bis zum Erlangen der Geschlechtsreife überleben. Es gibt Pflanzen, die etliche tausend Samen produzieren und Tiere, die ebenso viele Eier ablegen.

Die Energie, die ein Organismus zur Fortpflanzung aufwenden kann, ist aber begrenzt. Bei einer hohen Anzahl von Samen oder Eiern steht den einzelnen Individuen nur eine geringere Nahrungsmenge für ihre Entwicklung zur Verfügung. Außerdem sind Tiere mit vielen Jungen oft nicht in der Lage, diese in den ersten entscheidenden Momenten ihres Lebens zu schützen. Daher erreicht manchmal auch nur weniger als 1 % der Jungtiere das Erwachsenenalter.

Manche Arten wenden eine vollkommen andere Taktik an. Sie produzieren wenige Samen oder Eier, statten diese aber mit so viel Nahrung und Abwehrmitteln aus, dass sie gute Überlebenschancen haben. Einige Tierarten, vor allem Vögel und Säugetiere betreiben Brutpflege. Sie hegen ihre Jungen von Geburt an, bis sie stark genug sind, aus eigener Kraft zu überleben. So sind alle oder zumindest ein großer Teil der Nachkommen gesichert. Der Nachteil dabei ist, dass irgendein unvorhergesehenes Ereignis die ganze Brut ausrotten und die Anstrengungen der Eltern zunichte machen kann.

ZAHL DER NACHKOMMEN
Bei der Fortpflanzung sind zwei Strategien verbreitet, die für den Fortbestand einer Art gleichwertig sind. Bei einer großen Zahl von Jungen werden diese sich selbst überlassen, was viele nicht überleben, oder wenige Jungtiere werden geboren und wachsen beschützt heran. Die Anzahl erwachsener Nachkommen ist im Verhältnis bei beiden Strategien gleich.

Partnersuche
Oft wird die Partnerin bei der Balz heftig umworben. Diese Grashüpfermaus versucht es mit »Gesang«.

Säugetiere
Im Bauch der Mütter wachsen die Föten geschützt heran. Nach der Geburt werden die Jungen lange Zeit ernährt und gepflegt. Deshalb haben Säugetiere weniger Junge als andere Gattungen. Allerdings hat jedes Jungtier gute Überlebenschancen.

Amphibien
Frösche legen tausende von Eiern ab. Weil sie nur durch eine gallertartige Hülle geschützt sind und an Wasserpflanzen haften, sind die meisten Froscheier ein gefundenes Fressen für Fische. Trotzdem reichen die wenigen überlebenden Frösche zur Erhaltung der Art.

Lebensräume

Die Existenz eines Lebewesens kann nicht nur von anderen Organismen abhängig gemacht werden. Auch bestimmte Umweltbedingungen, wie das Klima, die zur Verfügung stehende Wassermenge, die Zusammensetzung der Luft oder die Mineralstoffe im Boden haben Einfluss auf das Vorkommen der Arten.

Ökologische Nischen

Das Leben an einem bestimmtem Ort hängt sowohl von organischen Bestandteilen, dem belebten Teil der Natur, wie auch von anorganischen, unbelebten Elementen ab. Die Wechselbeziehungen der Lebewesen untereinander und zu ihrem Lebensraum werden Ökosystem genannt. Jede Art nimmt in ihrem Ökosystem einen ganz bestimmten Platz ein, eine so genannte ökologische Nische. Die Art verfügt über besondere Eigenschaften, die sich in ihrer Entwicklung, ihrem Nahrungs- und Verteidigungsverhalten und in der Art ihrer Fortpflanzung ausdrücken, und besetzt einen Ort, an dem spezielle Standorteigenschaf-

DER EINZELNE IN DER BIOSPHÄRE
Grundlage allen Lebens ist eine wechselseitige Beziehung zwischen Individuum und Umwelt.

Gemeinschaft
Alle Populationen von Tieren und Pflanzen im selbem Lebensraum bilden eine Gemeinschaft. Organismen und Mikroorganismen sind aufeinander angewiesen bei der Suche nach Nahrung, Schutz und Stellen zur Fortpflanzung.

Population
Die Bevölkerung einer Art besteht aus allen zu ihr gehörenden Organismen in einem Gebiet. Ihre Zahl, die Populationsdichte, muss entsprechend hoch sein, damit die Individuen sich treffen und fortpflanzen können.

Individuum
So wie die Zellen aus dem Körper eines Organismus allein nicht leben können, so kann auch kein Einzelwesen ohne seinen natürlichen Lebensraum auf Dauer bestehen.

ten, zum Beispiel die Bodenbeschaffenheit oder das Klima wie für sie geschaffen sind. Mit den übrigen Arten steht sie dennoch in direktem Austausch.

Auf Grund der natürlichen Auslese können sich an ein- und demselben Ort zwei Arten nicht über längere Zeit hinweg eine ökologische Nische teilen. Es kommt zu einem Kampf, bei dem es nur einen Sieger geben kann. Wenn es dem Besiegten nicht gelingt, sich den neuen Gegebenheiten anzupassen und eine neue Nische zu finden, stirbt diese Art aus. Mehrere Arten können in fast identischen Nischen überleben, sofern diese geografisch voneinander getrennt sind. Sowohl das Umfeld als auch die Lebensweise von Pflanzenfressern in der afrikanischen Savanne und in der amerikanischen Prärie sind einander sehr ähnlich. Da sich die Tiere aber niemals begegnen, entsteht unter ihnen keinerlei Wettbewerb.

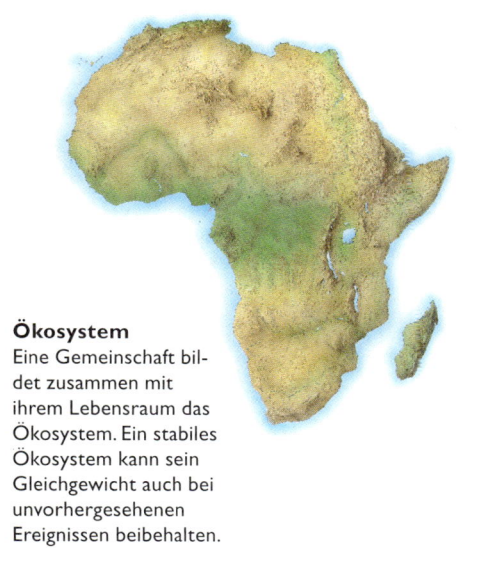

Biosphäre
Die Biosphäre der Erde kann man als ein einziges großes und stabiles Ökosystem betrachten. Bei einschneidenden Veränderungen treten Störungen im gesamten Gleichgewicht auf.

Ökosystem
Eine Gemeinschaft bildet zusammen mit ihrem Lebensraum das Ökosystem. Ein stabiles Ökosystem kann sein Gleichgewicht auch bei unvorhergesehenen Ereignissen beibehalten.

Größe eines Ökosystems
Kein Lebensraum ist völlig isoliert. Der Fortbestand eines Biotops hängt wesentlich von seiner Umgebung ab. Die optimale Größe eines Ökosystems lässt sich nicht schematisch festlegen.

Das Gleichgewicht im Ökosystem

Als Ökosystem bezeichnet man grundsätzlich jeden Lebensraum, in dem sich mehr als ein Organismus aufhält. Das kann ein Aquarium sein oder ein Strauch mit all den vielen kleinen Tieren, die darin wohnen.

Bei großen, schon lange bestehenden Ökosystemen lassen sich allerdings Besonderheiten feststellen. Die Verhältnisse sind sehr stabil. Sie bleiben unverändert, auch wenn unvorhergesehene Ereignisse eintreten. So bleibt zum Beispiel das Zahlenverhältnis zwischen Beutetieren und Räubern immer ziemlich konstant. Wenn weniger Beute vorhanden ist, gibt es weniger Nahrung für die Räuber, ihre Anzahl wird geringer. Wenn sich die Zahl der Beutetiere wieder erhöht, nimmt auch die der Räuber wieder zu.

Einige Arten haben auch die Fähigkeit entwickelt, möglichst schnell auf einen Verlust an Individuen zu reagieren. Die Zapfen von Schwarzkiefern sind zum Beispiel feuerfest, sie öffnen sich erst bei sehr großer Hitze. Dadurch ist es möglich, dass die Samen sich schnell ausbreiten und keimen können, wenn ein Brand die übrige Vegetation vernichtet hat.

Ein Gleichgewicht kann nur dann erreicht werden, wenn alle Arten sich an ihre Umwelt angepasst und nebeneinander so entwickelt haben, dass ihre Beziehungen aufeinander abgestimmt sind. Wird das empfindliche Gleichgewicht in einem Ökosystem einmal gestört, sind Jahrzehnte oder Jahrhunderte erforderlich, um es wieder herzustellen. In der Zwischenzeit gefährdet selbst der kleinste Eingriff die Überlebens-

JEDEM SEINE NISCHE

Ökologische Nischen unterschiedlicher Arten scheinen manchmal identisch zu sein. Bei näherem Betrachten stellen sich aber Unterschiede heraus. In der Savanne zum Beispiel gibt es sehr viele unterschiedliche Arten, die nur dem Anschein nach konkurrieren. Jedes Tier ernährt sich von bestimmten Teilen der Pflanzen und hat eigene Ernährungsgewohnheiten.

Elefanten

Mit ihrem Rüssel entfernen sie Äste und fällen Bäume. So schaffen sie Lichtungen und erreichen schwer zugängliche Pflanzen.

Zebras und Gnus

Gleich ist bei beiden Tierarten die Vorliebe für lange, trockene Grashalme. Sie unterscheiden sich aber in der Art der Verteidigung, dem Beginn der Wanderungen und der Organisation innerhalb ihrer Gruppe.

Thompson-Gazellen

Sie ernähren sich von Früchten und Pflanzen, die nah am Boden wachsen.

Gerenuks
Die Giraffengazellen ha-
ben einen sehr langen
Hals. Sie ernähren sich
von Akazienblättern.

Dabei stellen sie sich
auf die Hinterläufe. Ihre
robuste Zunge ist un-
empfindlich gegen die
Stacheln der Pflanzen.

Giraffen
Für andere Tiere un-
erreichbare Blätter
werden von Giraffen
gepflückt.

Dik-Diks
Sie leben im unte-
ren, sehr dichten
Bereich der Vege-
tation und ernäh-
ren sich von den
zarten Trieben der
Sträucher.

WIEDERBESIEDLUNG

Nicht immer wird bei Natur-
katastrophen alles Leben ausgelöscht. Wo Brände und Überschwemmungen im Boden ver-
steckte Samen, Wurzeln und
Wirbellose verschonen, entwickelt sich relativ schnell ein
neues Ökosystem.

Rodungen und Brände

Große verödete Gebiete
entstehen durch die
Zerstörung der Vegetati-
on, durch das Sterben
oder Abwandern der
Tiere nach einem Brand
oder einer Rodung.

chancen der Lebewesen in dem
jeweiligen Ökosystem.

Sukzession

Es gibt Veränderungen, die so plötzlich
und einschneidend sind, dass ihnen auch
das stabilste Ökosystem nicht standhalten
kann. Der Ausbruch eines Vulkans kann
neue Inseln im Ozean entstehen lassen
oder alles Leben in einem großen Gebiet

vernichten. Alle Pflanzen und Tiere wer-
den entweder ausgerottet oder sie müssen
einen neuen Lebensraum finden.
Die Bedingungen, um den frei gewordenen
Platz zu besetzen, sind für neue Tiere und
Pflanzen nicht einfach. Hier gibt es kein
Leben und alles scheint öde und unwirt-
lich. Trotzdem beginnt die Besiedelung
schon sehr bald darauf. Schnell erreichen
Insekten das Gebiet, Samen werden vom

Pionierpflanzen
Eine freie Fläche bleibt nicht lange brach liegen. Zuerst siedeln sich widerstandsfähige Pflanzen als Erstbesiedler an. Sie speichern Wasser, liefern Nährstoffe und verändern so die Bodenbeschaffenheit.

Junger Wald
Nach einigen dutzend Jahren haben die Bäume wieder die Überhand, d e Sukzession ist aber noch nicht abgeschlossen.

Klimaxstadium
Es kann einige hundert Jahre dauern, bis das Ökosystem eines zerstörten Waldes wieder hergestellt ist.

Erste Bäume
Etwa 15 Jahre nach den ersten Pionierpflanzen wachsen Gehölze, zunächst sind es Sträucher. Sie werfen Schatten, was den Wuchs der Gräser hemmt. Schließlich wachsen die ersten Bäume.

Wind oder Vögeln herangetragen. Zuerst wachsen Gräser und Moose. Absterbende Teile dieser Pflanzen bilden Humus für den Boden. Nach einiger Zeit ist dieser so fruchtbar, dass auch größere Pflanzen gedeihen. Diese wiederum bieten den ersten Pflanzenfressern Nahrung und Schutz. Schließlich kommen die räuberischen Arten dazu. Die Nahrungskette ist wieder hergestellt.

Das bedeutet aber nicht, dass der Lebensraum sich bereits in einem Gleichgewicht befindet. Es braucht viel Zeit, bis die Beziehungen zwischen den Arten so gefestigt sind, dass jedes Lebewesen eine eigene Nische einnimmt.

Die Dauer eines ökologischen Zeitalters beträgt hunderte von Jahren und hängt vor allem von zwei wesentlichen Faktoren ab. Zum einen ist die Größe des Gebiets ausschlaggebend. Ein kleiner Bereich ist leichter und in weniger Zeit zu besiedeln als ein großer. Zum anderen ist es von Bedeutung, welche Art von Ökosystem vorher dort bestand. Wenn es in einem Lebensraum eine Vielzahl verschiedener Lebewesen gab, so dauert der Wiederaufbau entsprechend länger.

Viele einzelne Stationen werden durchlaufen, bis das Ökosystem wieder eine Zusammensetzung hat, die der ursprünglichen ähnlich ist. Diesen endgültigen Zustand bezeichnet man als Klimaxstadium. Es bedeutet, dass sich unter gleichen Voraussetzungen immer eine bestimmte, vorsehbare Art von Lebensraum in einem Gebiet entwickelt. Ein Wald wird durch einen weiteren Wald ersetzt, auf eine Prärie folgt wieder eine Prärie. Wobei es durchaus vorkommen kann, dass nun andere Arten im neuen Lebensraum wohnen. Die neuen Nischen selbst sind den ehemaligen sehr ähnlich, es können sich aber andere Pflanzen und Tiere dort ansiedeln.

Biome – Großlebensräume der Erde

Warum eigentlich entwickelt sich in einem Gebiet mit der Zeit wieder ein Ökosystem, das mit dem ursprünglichen vergleichbar ist? Die Frage ist leicht zu beantworten. Das Klima und die Beschaffenheit des Bodens sind ausschlaggebend dafür, welche Pflanzen und Tiere sich in einem bestimmten Lebensraum ansiedeln können. Dabei kommt es auf die Temperatur, die Niederschlagsmenge und die Länge der Tage an. Wichtig ist auch die Zusammensetzung der Mineralien im Boden, die den Nährstoffgehalt beeinflussen. Die jeweilige Kombination dieser Faktoren legt die Bildung einer bestimmten Gemeinschaft von Tieren und

BIOME

Auf unserem Planeten gibt es eine Vielzahl von Biomen. Hier sind die wichtigsten dargestellt. Die Bezeichnung richtet sich nach der jeweiligen Vegetation. Von dieser wiederum hängt ab, welche Tiere im Biom vorkommen.

- Polarregion
- Tundra
- Taiga
- Sommergrüne Laubwälder
- Steppe
- Savanne
- Wüste
- Winterregengebiete
- Gebirge
- Regenwälder

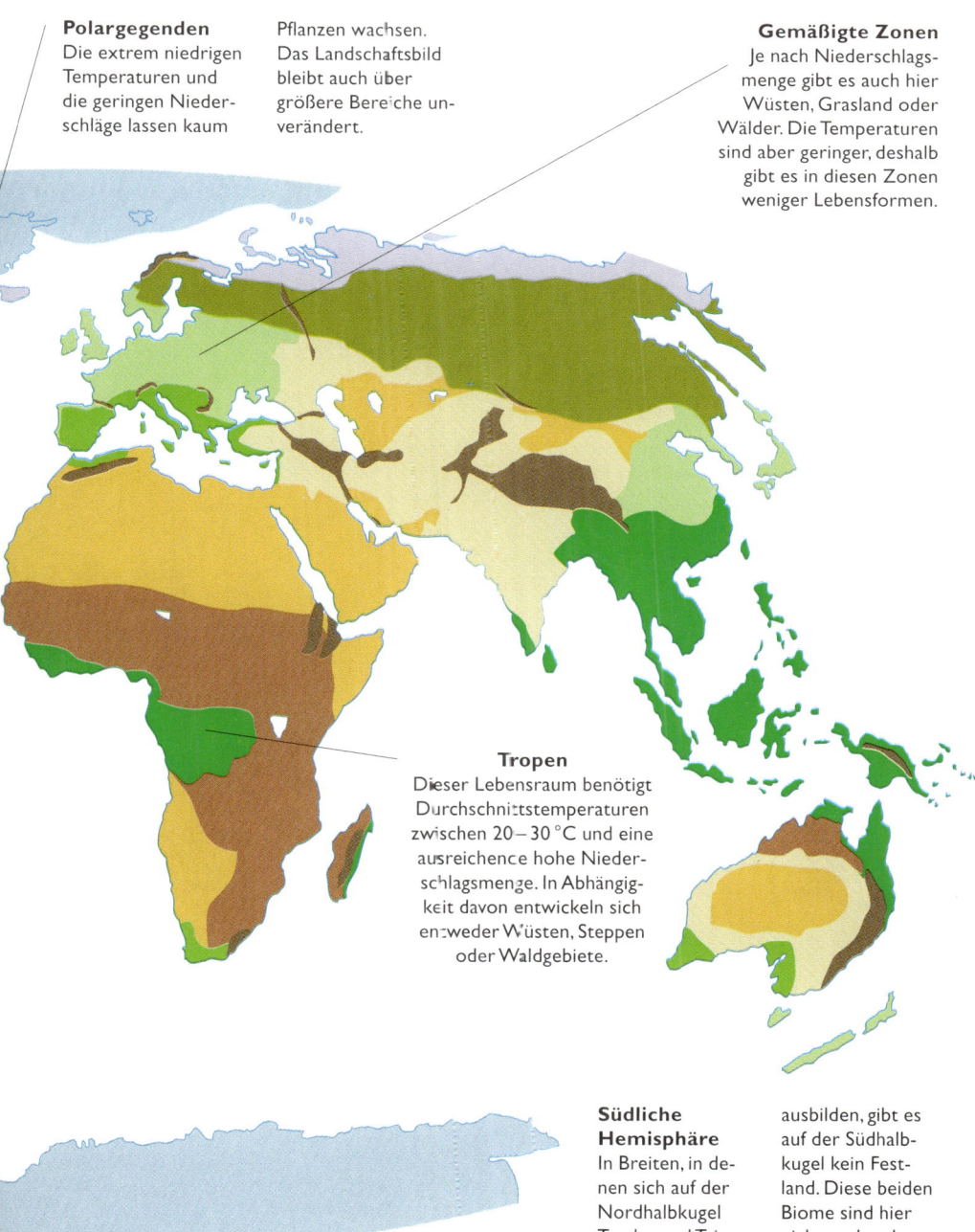

Polargegenden
Die extrem niedrigen Temperaturen und die geringen Niederschläge lassen kaum

Pflanzen wachsen. Das Landschaftsbild bleibt auch über größere Bereiche unverändert.

Gemäßigte Zonen
Je nach Niederschlagsmenge gibt es auch hier Wüsten, Grasland oder Wälder. Die Temperaturen sind aber geringer, deshalb gibt es in diesen Zonen weniger Lebensformen.

Tropen
Dieser Lebensraum benötigt Durchschnittstemperaturen zwischen 20 – 30 °C und eine ausreichende hohe Niederschlagsmenge. In Abhängigkeit davon entwickeln sich entweder Wüsten, Steppen oder Waldgebiete.

Südliche Hemisphäre
In Breiten, in denen sich auf der Nordhalbkugel Tundra und Taiga ausbilden, gibt es auf der Südhalbkugel kein Festland. Diese beiden Biome sind hier nicht vorhanden.

ENTWICKLUNG ÄHNLICHER MERKMALE

Weit voneinander entfernt entstandene Organismen haben manchmal die gleichen Überlebenstechniken. So kommt es zu verblüffenden Ähnlichkeiten.

Säbelzahntiger
Vor einigen zehntausend Jahren gab es auf der Erde mehrere Arten dieser Furcht erregenden Räuber. Sie waren sich äußerlich sehr ähnlich, obwohl einige von Beuteltieren wie den Kängurus und andere Arten von normalen Säugetieren wie den heutigen Tigern abstammten.

Wüstenpflanzen
Ihre Merkmale sind vergleichbar, auch wenn sie weit voneinander entfernte Standorte haben. Die Afrikanische Wolfsmilch (links) und der Amerikanische Säulenkaktus (rechts) können in ihrem Stamm Wasser speichern. Die starken Dornen dienen der Abwehr von Tieren.

Pflanzen fest. Das bedeutet, dass sich in weit voneinander entfernten Regionen mit vergleichbarem Klima und ähnlicher Bodenbeschaffenheit die gleichen Lebewesen ansiedeln werden. Pflanzenfresser gibt es überall dort, wo Kräuter und Gräser in großer Zahl wachsen. Da niedrig wachsende Pflanzen großen Tieren kaum Schutz bieten, leben sie in Gruppen, um sich besser gegen Räuber verteidigen zu können.

Die Erde lässt sich in mehrere große, natürliche Lebensräume gliedern, die man als Biome bezeichnet. In diesen Biomen unterscheidet man mehr oder weder ähnlich organisierte Ökosysteme.
Im Polar-Biom rund um die beiden Erdpole herrschen Temperaturen unter -10 °C und es gibt nur wenig Niederschläge. Das Land ist mit Eis bedeckt und so gut wie unbewohnt, die meisten Organismen leben im Wasser.

Große Vögel
In den weiten Steppengebieten haben sich Vogelarten entwickelt, die nicht fliegen, aber umso schneller laufen können. Dazu gehören Afrikanische Strauße (rechts) und die mittlerweile ausgerotteten Australischen Moas (inks).

Stacheltiere
Einige Kleintierarten finden in ihrer Umgebung weder ausreichend Schutz noch sind sie in der Lage, bei Gefahr schnell genug zu fliehen. Sie verteidigen sich mit einem Stachelkleid wie der australische Ameisenigel (rechts) und das im Mittelmeerraum lebende Stachelschwein (links).

Die weniger kalten Regionen der Erde hat man in mehrere Biome eingeteilt, weil die Niederschlagsmengen dort unterschiedlich hoch sind und diese sind ursächlich dafür verantwortlich, welche Art von Lebensraum sich entwickeln kann. Wichtig sind auch die jeweiligen geografischen Verhältnisse, zum Beispiel die Entfernung zum Meer und ob Binnenmeere oder große Seen vorhanden sind. In der Tundra und Taiga herrscht noch ein recht raues Klima, während sich in wärmeren Breitengraden Prärien, Mischwälder oder Hartlaubgehölze wie am Mittelmeer entwickeln. In den sehr warmen und regenreichen tropischen Regionen gedeihen Regenwälder und Wüsten in extrem trockenen Zonen.

Überleben – aber wie?
Die Tatsache, dass unter gleichen Umweltbedingungen ähnliche Pflanzen und Tiere leben, bedeutet nicht, dass die jeweiligen

Arten miteinander verwandt sein müssen oder dass sie vor nicht allzu langer Zeit gemeinsame Vorfahren hatten. Ein Beispiel dafür sind die Prärien im Erdmittelalter vor 230 – 265 Millionen Jahren. Die Bedingungen waren den heutigen sehr ähnlich. Die Vegetation bestand aus Gräsern, viele Arten von Pflanzenfressern und ihre Räuber waren dort angesiedelt. Die Tiere von damals waren Dinosaurier, heute aber leben in den Prärien Säugetiere. Die Lösungen, die Lebewesen bei der Anpassung an einen Lebensraum entwickeln, können durchaus unterschiedlich sein. Der Weg dorthin ist nicht vorgezeichnet und oft von Zufällen

ARKTIS
Die Oberfläche dieser Region ist eine riesige schwimmende Eismasse. Die Größe ändert sich je nach Jahreszeit und erreicht im Winter mit dem Packeis ihren Höchststand.

Eisbär
Die ausgezeichneten Jäger werden bis zu 2 groß. Sie überwintern in der Arktis und hal keinen Winterschlaf.

Sattelrobbe
Mit kalorienreicher Nahrung wie Fischen und Krustentieren überstehen die grönländischen Robben die Kälte. Zusammen mit anderen Arten sind sie die bevorzugte Beute der Eisbären.

Heringe
In der Arktis gibt es zahlreiche Fischarten. Am häufigsten sind Heringe. Sie ermöglichen nicht nur das Überleben vieler Tiere, sondern auch das der Menschen in dieser Region.

abhängig. So erklärt es sich, dass es auf der Welt sehr viel mehr Arten von Lebewesen als ökologische Nischen gibt.

Polare Regionen

Es liegt auf der Hand, dass Temperatur, Niederschlagsmenge und die Länge der Tage in den einzelnen Jahreszeiten kennzeichnende Merkmale der jeweiligen Lebensräume sind. Die Regionen am Nord- und Südpol bekommen im Jahresdurchschnitt sehr viel weniger Licht als die niedrigen Breitengrade mit mildem oder tropischem Klima. Die Sonnenstrahlen haben an den beiden Polen einen fast parallelen Verlauf zur Erdoberfläche und treffen sie

Walross
Die massigen Tiere verbringen fast ihr ganzes Leben auf dem Packeis. Sie werden bis zu zwei Tonnen schwer. Mit ihren verlängerten Eckzähnen, den Hauern, lösen sie Muscheln aus dem Eis oder von den Felsen.

Narwal
Dieser Wal wird bis zu 4 m lang. Männliche Tiere wurden vor allem wegen ihrer langen Eckzähne gejagt, denen man magische und heilende Kräfte zusprach.

Grauwal
Die meisten Wale ernähren sich von Plankton. Grauwale hingegen suchen ihre Nahrung in Ablagerungen auf dem Meeresgrund. Sie verbringen nur den Sommer in der Arktis und ziehen dann in südlichere Gegenden, wo sie sich auch fortpflanzen.

Grönlandhai
Die einzigen Haie, die in kalten Gewässern leben, ernähren sich hauptsächlich von Robben.

ANTARKTIS

Im ewigen Eis dieses Kontinentes spielt sich das Leben vorwiegend in Wassernähe ab. Nur Pinguine entfernen sich einige Kilometer von der Küste. Bakterien und Mikroorganismen, die Fotosynthese betreiben, sind die einzigen Lebewesen im Inneren der Antarktis.

Albatros

Die Vögel sind Meister im Gleitfliegen. Sie lassen sich von den schwachen Aufwinden über den Wellen ohne Flügelschlag kilometerweit tragen.

Blauwal

Die größten lebenden Tiere erreichen ein Gewicht von mehr als 100 Tonnen und eine Länge von etwa 30 m. Im Sommer finden sie in der Antarktis einen großen Vorrat an Krill. Die im Plankton lebenden Krebse treten hier dann in riesigen Schwärmen auf.

See-Elefanten

Im Sommer halten sie sich in der Antarktis auf, im Winter in Patagonien, wo sie sich fortpflanzen. Männliche Tiere wiegen mehr als doppelt so viel wie Weibchen. Sie halten einen Harem, den sie gegen andere Artgenossen verteidigen.

 nur direkt während der kurzen Zeit der Sommermonate, in der die Sonne über dem nördlichen oder südlichen Wendekreis senkrecht steht. Das liegt daran, dass die Erdachse auf ihrer Bahn um die Sonne um 23,5° geneigt ist. So erklärt sich, dass Nord- und Südpol von ewigem Eis bedeckt sind.

Am Nordpol oder in der Arktis schwimmen ungeheuer große Eismassen auf dem Meer. Nur Grönland ist ein Festlandsgebiet. Der Südpol oder die Antarktis ist ein richtiger Kontinent. Dort gibt es im Landesinneren bis zu 4 000 m hohe Berge mit Schwindel erregenden Tälern und unbewachsenen Felsen. Hier liegt auch kein Schnee, weil

Schwertwal, Orka
Die größte Art der Delfine wird bis zu
10 m lang. Es sind gefürchtete Jäger, die
ihre Beute – vor allem Robben – bis an
die Strände verfolgen.

Kaiserpinguin
Die Weibchen legen
die Eier im Winter.
Die Brutpflege über-
nehmen die Männ-
chen. Sie brüten das
Ei in einer Hautfalte
unter ihrem Bauch
auf den Füßen aus.
Um sich selber zu
wärmen, leben Pingui-
ne dicht gedrängt zu-
sammen und bewe-
gen sich ständig.

Adélie-Pinguin
Alle Pinguine haben
ein dichtes Gefieder.
So können sie pro-
blemlos in eiskalten
Gewässern schwim-
men. Damit sie sich
an Land nicht über-
hitzen, spreizen sie
die Federn.

Seeleopard
Bis zu 3 m werden
diese Seehunde
lang, sie jagen Pin-
guine und Robben.

Raubmöwe
Wie die meisten
Vögel verbringen
auch Raubmöwen
nur den Sommer

in der Antarktis.
Sie ernähren sich
von Fischen und
Nestlingen an-
derer Vögel.

kein Niederschlag fällt. Die durchschnittlichen Temperaturen sind an beiden Polen im Winter extrem (–20 °C bis –30 °C in der Arktis und bis –50 °C in der Antarktis). Keine Pflanze kann hier überleben.

In der kalten Jahreszeit verlassen auch die meisten Tiere die unwirtlichen Polargebiete. Nur wenige bleiben, sie halten sich in der Nähe des im Vergleich zur Außentemperatur wärmeren Wassers auf und haben für die extremen Verhältnisse besondere Überlebensstrategien entwickelt. Mit dichtem Gefieder oder Fell und vor allem einer schützenden Fettschicht kann ihnen die Kälte nichts anhaben. Abstehende Körperteile wie zum Beispiel Ohren sind bei diesen Tieren möglichst klein, so geht bei geringer Körperoberfläche weniger Körperwärme verloren.

Wenn das Klima milder wird, kehrt das Leben allmählich in die Polargebiete zurück. Über den aufgetauten Böden bilden sich Wasserflächen und Sümpfe, die von mikroskopisch kleinen Organismen wie Algen oder kleinen Krustentieren bevölkert werden. Man bezeichnet sie zusammenfassend als Plankton. Als Grundbestandteile einer langen Nahrungskette ziehen sie zahlreiche Fische, Vögel und Säugetiere an.

Tundra

An die von ewigem Eis bedeckten Gebiete der Arktis schließt sich die Zone der Tundra an. Die durchschnittliche Jahrestemperatur liegt hier bei –10 °C, es regnet kaum. Wie an den Polen bindet das Eis die Wasserreserven. Im Sommer schmilzt die Eisschicht an der Oberfläche. Es bildet sich Morast, aber der Boden bleibt gefroren. Im rauen Klima verhindern Kälte und Wind

TUNDRA

Auf den großflächigen Ebenen erwacht das Leben im Sommer. Nach der Schneeschmelze öffnen sich in den Sümpfen Millionen Insekteneier. Sie ziehen Vögel an. Pflanzenfresser werden von ihren Räubern verfolgt und bedienen sich an Moosen, Flechten und einjährigen Pflanzen.

Wölfe

Die Räuber können sowohl in der Tundra als auch in der Wüste leben. Wenn sie allein jagen, ernähren sie sich von Hasen und kleinen Säugern. Im Rudel wagen sie sich auch an große Säugetiere.

Kanadagans

Bis zu 1000 km können die Gänse im Eilflug zurücklegen. Im Sommer kommen sie in die Tundra, um sich fortzupflanzen.

Schnee-Eule

Im Gegensatz zu ihren Artgenossen aus dem Süden jagen diese Eulen bei Tag. Weil Bäume fehlen, nisten sie auf dem Boden.

Karibus

Im Frühjahr kommen sie in großen Herden aus Nordamerika in die Tundra, wo sie sich von Flechten, Gräsern und Trieben ernähren. Sowohl männliche wie weibliche Tiere sind gehörnt.

Moschusochsen

Als einzige große Pflanzenfresser überwintern sie in der Tundra. Ihr langes Fell und eine Fettschicht unter der Haut schützen vor Kälte. Sie leben in Gruppen, um sich gegenseitig zu wärmen.

Schneehase

Bei diesem Hasen sind abstehende Körperteile wie die Ohren klein, damit weniger Körperfläche der Kälte ausgesetzt wird. Das weiße Fell macht die Tiere auf dem Schnee fast unsichtbar für ihre Räuber.

Lemminge

In bestimmten Abständen werden die kleinen Nager so zahlreich, dass viele Individuen abwandern. Einige davon stürzen von den Klippen, was früher fälschlicherweise oft als Massenselbstmord ausgelegt wurde.

die Ausbildung hochwüchsiger Pflanzen. Deshalb besiedeln vor allem kleinere Gräser, polsterförmige Stauden oder Sträucher das Erdreich. Die Stämme der wenigen Bäume wachsen fast waagerecht über dem Boden. Im Juni beginnt der Sommer. Die Temperaturen klettern bis auf 5°C und die Tage werden sehr lang. Überall in der Tundra sprießt das Leben. In dieser kurzen Vegetationszeit kommen zahlreiche einjährige Pflanzen zum Keimen und Blühen. Sie produzieren Samen und sterben zu Beginn des Winters ab. Das üppige Wachstum im Sommer sichert den großen Herden der Pflanzen- und Sa-

Grizzlybär

Mit einer Größe von 3 m erreichen die Bären ein Gewicht von 1 Tonne. Diese Allesfresser mögen vor allem Lachse. Menschen greifen sie nur an, wenn sie sich bedroht fühlen.

Weißkopf-Seeadler

Die Vögel stehen am Ende der Nahrungspyramide. Sie sind vor allem durch die hohe Konzentration von Gift aus Pflanzenschutzmitteln in den Körpern der Nager, Vögel und Fische bedroht, von denen sie sich ernähren.

Rotluchs

Die mittelgroße Wildkatzenart ernährt sich vor allem von Vögeln und kleinen Säugetieren, denen sie bis hoch in die Bäume nachstellt.

Lachse

Die Fische kommen im Süßwasser zur Welt und wandern dann ins Meer. Zur Fortpflanzung kehren sie an ihren Geburtsort zurück. Bei den Wanderungen unterstützt sie der Geruchssinn. Während der Fortpflanzungsperiode ernähren sie sich nicht mehr und kurz danach sterben sie.

NORDAMERIKANISCHE TAIGA

Wie bei der asiatischen und europäischen Taiga erstreckt sich auch in Nordamerika ein großflächiger Nadelwald. Ein Teil der herunterfallenden Nadeln wird am Boden von Ameisen zerkleinert und zum Nestbau verwendet. Die Zersetzung wird von Unmengen kleiner Gliederfüßer wie Spinnen und Insekten besorgt.

Douglastanne

Das Holz der häufigsten Baumart der Taiga ist sehr beliebt. Deshalb werden viele Wälder vom Menschen abgeholzt und verbaut. Douglastannen sind typische Weihnachtsbäume.

Wapiti-Hirsch

Diese Hirsche sind recht zahlreich. Nur männliche Tiere tragen Geweihe, die sie in der Brunft für Balzkämpfe nutzen. Danach fällt das Geweih ab, es würde auf den Streifzügen im Wald nur stören.

Vielfraß

Die flinken und aggressiven Allesfresser greifen auch größere Tiere und manchmal sogar Menschen an.

SOMMERGRÜNE LAUBWÄLDER EUROPAS

In Mittel- und Nordeuropa gibt es noch viele Eichen- und Buchenwälder, die früher große Flächen bildeten und im Zuge der Besiedlung durch den Menschen immer mehr zerschnitten wurden. Trotzdem leben hier noch viele unterschiedliche Tierarten.

Specht

Mit Hilfe der langen klebrigen Zunge holen Spechte Insekten aus Baumspalten. Die Zunge ist sehr lang, mit Stacheln besetzt und windet sich in Ruhestellung um das Innere des Schädelknochens.

Huftiere

In diesem Lebensraum gibt es viele Hirsche, Damhirsche und Rehe.

Igel

Dieser kleine Insektenfresser ist nachts aktiv. Er kann in Wäldern oder Hausgärten leben. Seinen Winterschlaf unterbricht er nur hin und wieder zum Fressen.

Wildschwein

Die Allesfresser sind sehr anpassungsfähig. Zur Tarnung haben Frischlinge ähnlich wie Rehkitze ein geflecktes Fell. So fallen sie in der dichten Vegetation kaum auf. Bei ausgewachsenen Tieren verschwinden die Flecken.

Waldohreule
Die Nachtjäger ernähren sich von kleinen Säugern. Der besondere Aufbau des Innenohres erlaubt es diesen Vögeln, die genaue Position ihrer Beute zu bestimmen.

Eichhörnchen
Beim Klettern halten die Tiere das Gleichgewicht mit dem Schwanz. Sie leben in Baumhöhlen und ernähren sich von Samen, Früchten und Rindenstücken.

Fuchs
Die Allesfresser jagen Vögel, Mäuse, Wühlmäuse und Eichhörnchen. Sie fressen aber auch Beeren, wie zum Beispiel Hagebutten.

Mauswiesel
Die kleinsten Nager der Welt wiegen manchmal nur 50 Gramm. Sie können aber sogar Hasen töten.

menfresser das Überleben, zum Beispiel Moschusochsen, Rentieren, Schneehasen und Lemmingen in Europa und Asien oder Karibus in Nordamerika. Das große Beuteangebot wiederum lockt Fleisch fressende Räuber an wie Hermeline, Füchse und Wölfe. Bei Winteranbruch zieht sich das Leben aus der Tundra zurück. Rentiere und Karibus sowie die meisten Räuber wandern in den wärmeren Süden, die kleineren Nagetiere verbringen die kalte Jahreszeit im Winterschlaf.

Taiga

Die südlich an die Tundra anschließende Taiga erstreckt sich über weite Flächen in Skandinavien, Nord- und Zentralasien, Südkanada und den Norden der USA. Die Winter sind in dieser Region immer sehr trocken und streng. Die Temperaturen können auf −70 °C fallen. Die Sommer sind feuchter, länger und wärmer als in der Tundra.

Unter diesen Bedingungen gedeihen nicht nur Sträucher, sondern auch hochstämmige Bäume, sofern sie dem kalten Klima angepasst sind. In der Taiga wachsen vor allem Nadelbäume. Da Nadeln eine sehr viel geringere Oberfläche als Blätter haben, ist der Verlust an Wasser und Wärme wesentlich geringer. Die Vegetation ist hier vielfältiger, sodass den Tieren mehr ökologische Nischen zur Verfügung stehen. In der Taiga findet sich auf Grund der weniger extremen klimatischen Verhältnisse eine reichere biologische Vielfalt als in den Gebieten, die weiter im Norden liegen. Die Winter sind aber auch hier streng und die meisten Vögel und Säugetiere wandern im Winter in wärmere Regionen oder machen einen Winterschlaf.

SOMMERGRÜNE LAUBWÄLDER AMERIKAS

Die Fauna ist ähnlich wie die der Taiga. Das Klima ist aber milder, sodass viel mehr Arten überleben können.

Ahorn

Ein ausgewachsener Ahornwald weist auf eine intakte Umwelt hin. Hier wachsen auch andere Bäume, die ein gemäßigtes Klima brauchen.

Virginia-Wachtel

Diese Wachteln sind hervorragende Laufvögel und leben in Schwärmen. Bei einem Angriff fliehen sie in alle Richtungen und verwirren so den Feind.

Waldkauz

Die Nachtjäger spüren mit ihrem feinen Gehör kleine Säuger auf. Sie stürzen sich darauf und töten sie mit den Krallen.

Virginia-Hirsch

Die Hirsche leben in Nordamerika. Der typische weiße Fleck unterhalb des Schwanzes soll auf der Flucht die Räuber verwirren.

Sommergrüne Laubwälder

Auf den Breitengraden südlich der Taiga folgen vor allem in den USA, in Nordeuropa, Ostasien und Chile Zonen mit gemäßigtem Klima. Regelmäßige Niederschläge und milde Temperaturen stellen ideale Bedingungen für die Ausbildung sommergrüner Laubwälder. Allerdings handelt es sich um dicht besiedelte Gebiete, sodass der Mensch zum Störfaktor für das Ökosystem dieser Wäl-

der wird. Ihr natürliches Gleichgewicht ist nicht mehr vorhanden. Die wenigen noch intakten Waldgebiete in der gemäßigten Zone setzen sich aus Eichen, Birken und Buchen zusammen. Die hohen Bäume werfen im Herbst die Blätter ab und reduzieren ihren Stoffwechsel. So können sie den Winter unter einer geschlossenen Schneedecke überstehen. Die große Menge organischen Materials auf dem Waldboden ist wertvoller Dünger für die Wälder. Zersetzer-Organismen machen daraus verfügbare Nährstoffe.

Sobald im zeitigen Frühjahr die Temperaturen wieder steigen, keimen und blühen die Sträucher und Frühlingsstauden. Der Lebenszyklus dieser Pflanzen muss bereits abgeschlossen sein, bevor die Blätter der hohen Bäume sprießen. Das dichte Blätterdach lässt dann gerade so viel Licht durch, dass nur noch Moose, Farne und Schatten liebende Pflanzen im Unterwuchs gedeihen können. Der üppige Pflanzenreichtum gemäßigter Wälder ist die Lebensgrundlage für viele Vögel, kleine Nagetiere, Pflanzenfresser wie Hirsche und Rehe. Dazu gehören auch Räuber wie Wildkatzen und Wölfe, die auf ihrer Jagd nach leichter Beute zum Beispiel in Vieh- und Schafherden vom Menschen verfolgt und mittlerweile fast ganz ausgerottet wurden.

Waschbär

Die kleinen Allesfresser ernähren sich von Eiern, Insekten, Fischen, Früchten und Beeren. In der kalten Jahreszeit können sie tagelang schlafen, ohne in richtigen Winterschlaf zu fallen.

Opossum

Die Beuteltiere sind Säuger. Sie können sich an ihrem Schwanz aufhängen und haben an den Hinterhänden abstehende Daumen. So können sie sich hervorragend an Baumstämmen halten und klettern. Wenn sie angegriffen werden, stellen sie sich tot. Dabei atmen sie unmerklich und alle Muskeln werden schlaff.

Waldkaninchen

Die Kaninchen legen Höhlengänge im Boden an. In der Fortpflanzungszeit verteidigen die Männchen ihr Terrain mit Zähnen und Klauen.

Necrophorus americanus

Die Weibchen legen etwa 30 Eier in einen kleinen Tierkadaver, den sie zusammen mit dem Männchen vergraben und zur Sicherheit mit Speichel bedecken. Der Kadaver dient als Nahrung für die Larven.

Kupferkopf

Die Färbung schützt die Tiere einerseits vor Räubern und macht sie andererseits unsichtbar für die Beute. Sie bewegen die Schwanzspitze wie ein Wurm und benützen sie als Köder.

Bonnelli-Adler
Wie die Fischadler sind auch diese Vögel Tagräuber. Sie fangen vor allem Vögel und Kaninchen.

Mönchsgeier
Zusammen mit den Schmutz- und Gänsegeiern sind Mönchsgeier die einzigen Geiervögel in diesem Lebensraum. Sie ernähren sich von Tierkadavern, die sie erspähen oder mit Hilfe des Geruchssinnes finden.

WINTERREGENGEBIETE
Seit Jahrtausenden wird diese Region vom Menschen bewohnt. Acker- und Weideland haben den ursprünglichen Lebensraum ersetzt. In der Antike wurden viele Pflanzen- und Tierarten nutzbar gemacht, von denen wir uns heute noch ernähren.

Mufflon
Diese wilden Schafe werden nur 70 cm groß. Sie sind sehr anpassungsfähig und fühlen sich hier genauso wohl wie auf verschneiten Berghängen.

Schildkröte
Die Panzertiere leben vorwiegend in der Nähe von Teichen, können aber auch Trockenheit gut vertragen. Im Winter fallen sie in Winterschlaf.

Mauereidechse
Wie alle Reptilien benötigen auch diese Kaltblüter die Wärme der Sonne, um aktiv werden zu können.

Winterregengebiete

In der gemäßigten Zone sind die Klimabedingungen in Küstennähe anders als im Landesinnern. Wegen der Nähe zum Meer ist es im Winter weitaus milder und in südlichen Ländern sind die Sommer warm und trocken. Die Winterregengebiete werden wegen ihrer Ausbildung rund um das Mittelmeer (*Mare mediterraneum*) als mediterrane Lebensräume bezeichnet, befinden sich aber auch in Kalifornien, im westlichen Australien und in Südafrika am Kap der Guten Hoff-

nung. Winterregengebiete sind weniger einheitlich als die übrigen Klimazonen. Hier kommt es zu einer Abfolge verschiedener Bereiche vom Meer zum Landesinnern. In Strandnähe finden sich auf knapp 100 m Breite Dünen mit karger Vegetation, deren Pflanzen widerstandsfähig gegen Salzwasser sind. Dem schließt sich zum Landesinneren die »Garigue« an, ein Heidegebiet mit Zwergsträuchern, Mastix, Myrte und Dornbüschen. Ihm folgt die »Macchie« mit einige Meter hohen Gehölzen. Sie ist für größere Tiere undurch-

Scheibenzüngler
Diese Froschlurche zählen zu den ganz wenigen Amphibien, die hier leben. Zur Fortpflanzung nutzen sie Wasserpfützen. Die Eier öffnen sich schnell und die Kaulquappen entwickeln sich, bevor das Wasser verdunstet.

Grasmücken
Die Augen dieser Vögel sind rot. Sie ernähren sich von Beeren und Früchten.

dringlich, allein die kräftigen Wildschweine können sich einen Weg hindurch bahnen.

Die letzte Station dieser Abfolge werden im Mittelmeergebiet von den Steineichenwäldern gebildet. Diese Bäume verlieren mit ihren kleinen, zähen Blättern wenig Feuchtigkeit und können so dem trockenen Klima gut standhalten. Weitere typische Mittelmeerbäume sind Pinien, deren dünne Nadeln ebenfalls nur wenig Feuchtigkeit verdunsten. In der dichten Vegetation fühlen sich kleine Eidechsen, Mäuse, Stachelschweine, Füchse und Steinmarder

wohl. Größere Tiere wie Mufflons leben auf den gehölzfreien Trockenrasen in der Macchie.

Steppen

In den regenarmen Gebieten der gemäßigten Zonen und der Winterregengebiete sind die Steppen Europas und Asiens ausgebildet. In Nordamerika werden sie als Prärien bezeichnet. Sie liegen niemals in der Nähe von Meeren und zeichnen sich deshalb zu allen Jahreszeiten durch sehr wenig Niederschläge aus. In diesem daher recht trockenen Lebensraum können kaum

CHAPARRAL IN KALIFORNIEN

Dieser Lebensraum erstreckt sich über einen Teil der Hügellandschaft und zu Füßen der Berge zwischen der Küste, der Wüste und dem Gebirge. Die Vegetation speichert viel Wasser. So werden Bodenerosionen und Überschwemmungen verhindert. Wie in allen Winterregengebieten kommt es im Sommer oft zu Bränden.

Amerikanischer Hirsch

In ganz Kalifornien leben die Hirsche, die sich von Gräsern, Sprossen und Körnern ernähren. Sie sind Beutetier der Luchse, Pumas und Kojoten.

Sandfuchs

Diese Füchse verbringen den größten Teil des Tages in unterirdischen Bauten. Nachts jagen sie kleine Nager, die sich in die Nähe des Baus wagen.

Adenostoma fasciculatum

Der Strauch aus der Familie der Rosengewächse gedeiht überall im Westen Amerikas, kommt aber ursprünglich aus Kalifornien

Katzenfrett
Die Tiere gehören zur Familie der Waschbären. Sie klettern flink und ernähren sich von Skorpionen, kleinen Säugern, Früchten, Schlangen und Kadavern.

Puma
Die Raubkatzen sind Einzelgänger. Sie sind zwar selten, kommen aber auf dem ganzen amerikanischen Kontinent vor. Deshalb haben sie unterschiedliche Namen wie Panter, Kuguar, Berglöwe, Silberlöwe. Sie jagen vor allem Nager und Rotwild.

Heuschreckenmaus
In der Familie der Nager sind diese Fleisch fressenden Tiere eine Ausnahme. Ihre Nahrung besteht aus Heuschrecken oder Skorpionen. Nur im Notfall fressen sie Körner.

Erdleguan
Die Leguane sind nur etwa 10 cm lang. Ihr Schwanz ist mit stacheligen Schuppen besetzt. Sie ernähren sich von Insekten.

Präriehunde
In ihren Backentaschen sammeln die kleinen Nager Samen und Körner. Sie graben Höhlen, in die sie fliehen und deren Eingänge sie verschließen.

NORDAMERIKANISCHE PRÄRIE

Die großen Prärien Nordamerikas sind heute vorwiegend fruchtbare landwirtschaftliche Anbaugebiete. Die Wachstumsbedingungen für Getreide sind in diesem Lebensraum ideal.

Präriedachs

Wie ihre entfernten europäischen Verwandten haben auch diese Dachse einen weißen Streifen auf dem Kopf. Sie sind Fleischfresser und jagen Insekten, Vögel und Reptilien.

Wölfe

Heute sind die Rudel in der Prärie fast ganz ausgerottet, einst jagten sie Gabelantilopen und junge Bisons.

Bisons

Noch im letzten Jahrhundert lebten die 2 m großen und 3 m langen Bisons in der Prärie. Sie bildeten Herden mit einigen zehntausend Tieren. Sie wurden gejagt und sind fast ausgerottet worden, weil auch ihr natürlicher Lebensraum zerstört wurde.

Kojote

Die kleinste Wolfsart lebt allein oder in Paaren. Kojoten fressen alles. 40 % der Nahrung besteht aus Pflanzen, der Rest aus Kadavern und kleinen Beutetieren.

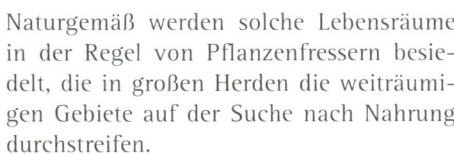

hochstämmige Bäume wachsen und das Landschaftsbild wird weitgehend von Gräsern beherrscht. Sie bilden eine lückige Vegetationsdecke, die Tieren nur wenig Schutz und Nahrung bietet und im Sommer nach langer Dürre zudem oft nur noch vertrocknete Halme aufweist.

Naturgemäß werden solche Lebensräume in der Regel von Pflanzenfressern besiedelt, die in großen Herden die weiträumigen Gebiete auf der Suche nach Nahrung durchstreifen.

Da die Niederschläge meist nur im Winter fallen, blühen die Steppen in dieser recht kurzen Zeitspanne auf. Die aus den

Bussarde
Die Raubvögel werden bis zu 65 cm groß und jagen Reptilien und kleine Säuger.

Königsadler
Mit einer Spannweite von 2 m ist dieser Adler der größte Greifvogel der Prärie.

Gabelantilopen
Die schnellsten Säugetiere Amerikas können mit einer Geschwindigkeit von 65 km/h fliehen. Von einstmals Millionen von Tieren sind nur noch wenige Zehntausend übrig geblieben.

Kanincheneule
Von anderen Tieren oder von ihnen selbst im Boden angelegte Höhlen dienen den Eulen als Wohnung. Sie jagen kleine Säuger, Vögel und Reptilien.

Klapperschlange
Die Giftschlange wird etwa 1 m lang. Sie frisst kleine Säuger. Bei der Jagd vertraut sie auf Sinnesorgane in den Nasenhöhlen, mit denen sie die Körperwärme ihrer Beute wahrnehmen kann.

scheinbar abgestorbenen Pflanzenteilen hervorsprießenden Jungtriebe der Gräser werden von den Tieren aber sogleich wieder verzehrt. Die widerstandsfähigen Pflanzen müssen sich also nicht nur gegen die lang anhaltende Trockenheit schützen, sondern auch davor, nicht vollständig abgefressen zu werden.

Dazu haben sie ganz unterschiedliche Schutzvorrichtungen entwickelt. Beispielsweise wachsen sie nicht am Sprossende, wie die meisten Pflanzen, sondern bilden junge Triebe in Bodennähe. So fressen die Tiere nur die älteren Teile und der Fortbestand der Pflanze ist gesichert. Auch haben die Gräser einen hohen Gehalt an Kiesel-

Nilgau-Antilope

Die männlichen Tiere dieser Antilopenart werden bis zu 300 kg schwer. Sie fressen Gras, Früchte und Zuckerrohr. Nach Ansicht der Hindus sind die Tiere nahe Verwandte der Heiligen Kühe und werden deshalb respektvoll behandelt, sodass sie vor dem Aussterben sicher sind.

INDISCHES GRASLAND

Im Winter wehen die Monsune aus Nordost und bringen kalte, trockene Luftmassen. Im Sommer ist die Luft feucht, die Winde wehen aus Südwest vom Meer auf das Land. Das ist die Ursache für die Regenzeit von Juni bis Oktober. Das indische Grasland erstreckt sich über weite Gebiete und ist in vier Lebensräume unterteilt. Anders als in der amerikanischen Prärie wird im Grasland Indiens vor allem Tierfutter angebaut. Außerdem kommt es hier häufig zu Überschwemmungen.

Goldschakal

Nur das dominierende Paar in einem Rudel von ungefähr 20 Individuen pflanzt sich fort. Die Schakale ernähren sich von kleinen Säugern, Reptilien, Vögeln, Amphibien und Tierkadavern.

Streifenhyänen

Weibchen führen die Rudel an. Drei Jahre lang ziehen sie die Kleinen auf, während die Männchen nur kurze Zeit an der Brutpflege teilnehmen. Hyänen jagen Säugetiere, ernähren sich aber auch von Vögeln, Würmern, Insekten und Eiern.

Hirschziegenantilopen

Im Gegensatz zu den meisten Antilopenarten sind männliche und weibliche Tiere unterschiedlich gezeichnet. Die Männchen haben einen dunkelbraunen Rücken, die Weibchen einen hellbraunen. In Rudeln lebt ein Männchen mit einigen dutzend Weibchen und Jungen zusammen.

Indisches Stachelschwein

Der nahe Verwandte nordafrikanischer und südeuropäischer Stachelschweine ist vor allem nachts aktiv und ernährt sich von Früchten, Wurzeln und Knollen.

säure, der die Zähne der Tiere abnutzt und zudem unverdaulich ist; die Pflanzen haben also kaum Nährwert.

Dies hat im Lauf der Zeit zur natürlichen Auslese großwüchsiger Pflanzenfresser mit geringem Stoffwechsel geführt. Diese Tiere fressen beachtliche Pflanzenmengen und haben nur einen geringen Kalorienbedarf. Ihre Körpergröße und das Leben in größeren Herden bietet ausreichenden Schutz vor Räubern.

Die Sicherheit kleinerer Tiere hängt dagegen davon ab, dass sie bei drohender Gefahr möglichst schnell fliehen können. Ihre Stoffwechseltätigkeit ist sehr viel reger als die der großen Herdentiere, deshalb verbrauchen sie mehr Energie. Weil Gräser allein den Bedarf nicht decken können, fangen sie Kleintiere und Insekten, um ihren Kalorienbedarf zu decken, oder ernähren sich von Samen. Die Ausrichtung der Nahrung auf Körner und Samen bietet noch einen weiteren Vorteil: Im Sommer legen sich diese Tiere in Erdhöhlen Vorräte an, von denen sie in den Wintermonaten zehren können.

Die Tropen – Schatztruhe biologischer Vielfalt

Der tropische Regenwald erstreckt sich in einem Bereich zwischen dem nördlichen und dem südlichen Wendekreis. Charakteristisch für diesen Lebensraum sind die ergiebigen Niederschläge. Die Tageslänge ist das ganze Jahr über

REGENWALD AM AMAZONAS
Der größte tropische Regenwald erstreckt sich über etwa 600 Millionen Hektar. Die biologische Vielfalt ist unüberschaubar. Auf 1 Hektar. gibt es bis zu 300 verschiedene Baumarten und über 40 000 Arten von Insekten, Spinnen und Tausendfüßlern.

Totenkopfäffchen
Alle südamerikanischen Affenarten haben, anders als ihre Artgenossen in der Alten Welt, einen Greifschwanz und keinen Daumen zum Greifen. Sie sind relativ klein und ernähren sich von Früchten.

Faultier
Die meiste Zeit verbringen die Vegetarier in den Bäumen. Sie hängen kopfunter und halten sich mit Krallen fest. Auf dem Boden sind Faultiere sehr langsam und ungelenk.

Ara
Im Amazonas-Gebiet gibt es zahlreiche Papageienarten. Alle ernähren sich von Körnern und Früchten.

Anakonda
Die Schlange wird über 7 m lang und 200 kg schwer. Sie lauert Tieren an den Wasserstellen auf. Anakondas sind keine Giftschlangen, sie erwürgen ihre Beute.

Grüner Leguan
Das Reptil wird bis zu 2 m lang, kann schwimmen und auf Bäume klettern.

Tukan

Vögel leben in kleinen Gruppen. Sie machen
el Lärm. Die großen Schnäbel sind extrem
cht. Man weiß nicht genau, wozu sie dienen.

Kolibri

Der allerkleinste un-
ter den Vögeln er-
nährt sich von Nek-
tar und fliegt von ei-
ner Blüte zur nächs-
ten. So bestäubt er
die Blüten – eine
Rolle die sonst
Insekten
übernet-
men.

Zwerg-
Ameisenbär

Mit den Klauen le-
gen sie Ameisen-
nester frei. Sie
schieben ihr spitzes
Maul hinein und
fangen die Ameisen
mit ihrer langen,
klebrigen Zunge.

gleichmäßig 12 Stunden lang
und die Temperaturen liegen
bei ca. 25 °C.

Die tropischen Regenwälder sind zweifel-
los die Ökosysteme mit der größten biologischen Vielfalt. Ein Grund dafür ist das
beständige Klima. Außerdem hat es hier
niemals Auswirkungen der Eiszeiten gegeben, denen in nördlichen Regionen zahlreiche Arten zum Opfer fielen.

Tropische Regenwälder konnten sich über
sehr lange Zeiträume hinweg entwickeln.
Es kam zur Auslese von Lebewesen, die jede der zahlreichen verfügbaren Nischen
nutzen konnten. Unter günstigen Bedingungen entwickelte sich eine üppige Vegetation auf zahlreichen Stockwerken. Die
oberste Schicht besteht aus hohen Bäumen, die ein ausladend breites Kronen-
dach über dem üppigen Laub der Pflanzen
im Unterwuchs bilden. Das wenige Licht,
das durch die dichten Blätter dringt, nutzen Lianen und Aufsitzerpflanzen (Epi-
phyten, zum Beispiel Bromelien und Til-
landsien) auf den Ästen und Baumstämmen oder es wird auch von niedrigwüchsi-
gen Pflanzen aufgefangen.

Am Boden ist es so dunkel, dass dort kaum
noch etwas gedeiht. Es liegt daher nahe,
dass sich die meisten Lebensfunktionen in
diesem Ökosystem in den Baumkronen ab-
spielen. Auch die Zersetzung toter organi-
scher Substanzen findet nicht am Boden
statt. Dafür sorgen Mikroorganismen, die
auf Blättern und Ästen leben. Der Boden
selbst ist nahezu unfruchtbar, weil er nicht
an der Wiederaufbereitung der Nährstoffe
beteiligt ist. Da der ganze Reichtum tropi-
scher Regenwälder in den Pflanzen und
nicht im Boden steckt, brauchen abge-
holzte Flächen sehr viel Zeit zum Nachwachsen. Das große Nahrungsangebot

Flugdrachen
Mit gespreizten Hautsegeln können die Reptilien im Flug von
Bäumen gleiten, aber nicht wirklich fliegen. Flugdrachen ernähren sich von Insekten, die sie
bei ihren Gleitflügen fangen.

Orang-Utan
Die meiste Zeit verbringen die Ti-
re in den Bäumen. Sie ernähren
sich von Raupen, Blättern, Früchte
und Insekten. Die Männchen werden bis zu 120 cm groß und 125 k
schwer, das heißt doppelt so gro
wie die Weibchen.

Nashornvogel
Um sich vor Räubern
zu schützen, nisten die
Weibchen in Baum-
höhlen, die sie mit
Schlamm, halb verdauter
Nahrung und Exkremen-
ten verschließen. Es bleibt
nur eine kleine Öffnung,
durch die das Männchen
Nahrung einführt.

Binturong
Dieses kleine Säugetier kann
schwimmen, graben und sich
mit seinem Greifschwanz an
Bäumen hochhangeln.

Kannenpflanzen
Im indonesischen Regen-
wald gibt es viele Fleisch
fressende Pflanzen.
Sie ernähren sich
von Insekten.

Epiphyten
Die Wurzeln dieser
Schmarotzerpflanzen
graben sich nicht in den
Boden, sondern als Auf-
sitzerpflanze in den
Stamm der Wirts-
pflanze, der so Nähr-
stoffe entzogen werden.

TROPISCHER REGENWALD IN INDONESIEN

Hier ist es das ganze Jahr über warm und feucht. In der Regenzeit von November bis Februar weht der Monsun aus Nordwest. Diese Art Regenwald gibt es auf vielen Inseln in unterschiedlichen Ausprägungen wie den küstennahen Mangrovenwald, den tropischen Monsunwald oder den subtropischen Regenwald.

dient zahlreichen unterschiedlichen Tierarten als Lebensgrundlage. Durch den großen Wasserreichtum wurde es möglich, dass sich hier mehr Amphibienarten entwickelt haben als in anderen Ökosystemen. Die hohe Luftfeuchtigkeit und Temperatur bieten zudem ideale Bedingungen für Insekten. Sie erreichen in den Tropen eine einzigartige Vielfalt und Größe. In den Regenwäldern leben auch zahlreiche Halbaffen- und andere Affenarten. Die meisten dieser Tiere könnten in einem kälteren Klima nicht überleben.

Nasenaffe

In Wassernähe leben in Mangrovenwäldern Nasenaffen in Gruppen zusammen. Meist ist die Familie ein Harem von 5 bis 15 Individuen unter der Führung eines Männchens. Manchmal rotten sich mehrere Harems zu größeren Gruppen zusammen.

Sumatra-Nashorn

Im Vergleich zu indischen Nashörnern sind diese Tiere stark behaart und haben breite Hufe. Die Art ist vom Aussterben bedroht.

Mangroven

Viele Tierarten finden Schutz in diesen Bäumen. Sie können Wasser speichern und langsam wieder abgeben. So wird die übrige Vegetation nicht überflutet und Schäden durch Überschwemmungen werden vermieden.

Schlammspringer

Der Fisch kann auch außerhalb des Wassers auf dem Schlamm leben, er atmet dann durch die Haut und bewegt sich mit den Flossen voran.

Tiger

Die Furcht einflößenden Raubkatzen sind fast ganz ausgerottet. Sie leben nur noch in Naturschutzreservaten.

AFRIKANISCHE SAVANNE

In Afrika bedecken Savannen etwa ein Drittel des Kontinents und sind sehr gut erforscht. Zahlreiche Tier- und Pflanzenarten haben hier ihren Lebensraum gefunden. Unter den Tieren sind Termiten am zahlreichsten.

Meerkatzen

Die Affen leben in Herden auf Bäumen. So entdecken sie Räuber rechtzeitig und schlagen Alarm. Ein Raubvogel, der von oben anfliegt, ein Leopard, der auf einem Baum lauert oder ein Löwe, der sich am Boden heranschleicht – jeder wird mit einem besonderen Alarmschrei gemeldet.

Warzenschwein

Robust und aggressiv verteidigen sie sich gegen große Raubkatzen. Sie fressen Körner und Wurzeln.

Löwen

Weil sie keine besonders guten Räuber sind, unternehmen sie kurze Verfolgungsjagden meist im Rudel. Oft entlocken sie auch die Beute den Fängen der Hyänen oder Geparden.

Afrikanischer Elefant

Das größte Landtier der Erde wird bis zu 7 Tonnen schwer. Elefantenkühe leben mit ihren Jungen in Herden, die von einem älteren Tier angeführt werden. Die Bullen sind oft Einzelgänger.

Schwarzes Nashorn

Mit den beiden spitzen Hörnern wühlen die robusten und schwerfälligen Tiere im Boden nach Pflanzen und verteidigen ihre Jungen.

Webervögel
Die Vögel konstruieren auf-
wändige Nester, indem sie
geschickt Gräser zu einer
Art Gewebe verarbeiten.

Thomson-Gazelle
Die kleinen Tiere sind die bevorzugte
Beute vieler Fleischfresser. Sie schützen
sich, indem sie mit Grant-Gazellen in
großen Rudeln leben. Das Risiko, getötet
zu werden, ist so geringer und Feinde
werden eher entdeckt.

Streifengnu
Die gefräßigen Pflanzenfresser
legen auf der Suche nach sat-
ten Weiden oft einige hundert
Kilometer zurück. Schon wenige Minuten nach der Geburt
sind die Tiere in der Lage, vor
Räubern zu fliehen.

Giraffe
Der lange Hals ist den
Giraffen zwar beim
Pflücken von Trieben
aus hohen Bäumen
behilflich, doch ver-
langsamt sich durch ihn
die Blutzufuhr zum
Gehirn. Deshalb fallen
Giraffen in Ohnmacht,
wenn sie plötzlich auf-
springen müssen.

Zebras
Bei einem Angriff ma-
chen sich die Tiere aus
dem Staub. Ihr gestreif-
tes Fell bereitet dem
Räuber Schwierigkei-
ten, den Umriss der
Beute zu erkennen.
Zebras können aber
auch kämpfen und sich
notfalls gegen große
Raubtiere verteidigen.

Hyänen
Entgegen ihrem Ruf ernähren sich
Hyänen nicht nur von Aas. Sie sind
auch hervorragende Jäger. In Rudeln
von 10–100 Individuen verfolgen sie
ihre Beute über große Strecken.

Savannen

In geografischen Breiten mit
ähnlichen Temperaturen wie in
den tropischen Regenwäldern, aber mit
weit weniger Niederschlägen, die sich auf
bestimmte Jahreszeiten beschränken, liegen die Savannen. Dieser Lebensraum erstreckt sich über weite Zonen in Afrika,
Südamerika und einen schmalen Gürtel
im östlichen Australien. Am weitaus be-
kanntesten und am besten erforscht sind
jedoch die afrikanischen Savannen.
Man unterscheidet zwischen Baumsavan-
nen mit hochstämmigen Gehölzen oder
Buschsavannen mit niedrigen Sträuchern.
Gehölzfreie Flächen werden als Grasland
bezeichnet. Wie in den Steppen Europas
Asiens und Nordamerikas bieten auch die

Gräser der Buschsavannen wenig Nahrung und Schutz. Viele Tiere sind ebenso wie in den Steppen Pflanzenfresser, meist großwüchsig und in Herden lebend. In den Buschsavannen dient die dichte Vegetation solch unbekannten Huftieren wie Dik-Diks und Duckern als Versteck. Sie sind kaum 50 cm lang und wiegen nur wenige Kilogramm. Sie ernähren sich von Trieben und anderen nährstoffreichen Teilen der Sträucher und leben nicht in Herden, weil diese Pflanzen weniger häufig vorkommen als Gräser und sich davon kaum eine ganze Herde mit einer großen Zahl Einzeltiere ernähren könnte. Zudem wäre ihre Verteidigungsstrategie, die Mimese, in einer Herde viel zu auffällig.

Die verschiedenen Pflanzenfresser der Savannen fallen zahlreichen Arten von Raubtieren zum Opfer. Sie sind auf bestimmte Beutetiere spezialisiert und haben unterschiedliche Jagdmethoden. So jagen Hyänen und Hyänenhunde im Rudel und etwa die Hälfte ihrer Beutezüge ist erfolgreich. Geparden gehen allein auf die Jagd. Sie verfolgen kleine Beutetiere über einige hundert Meter und haben eine Erfolgsquote von etwa 30 %. Leoparden verbringen die meiste Zeit auf den Bäumen. Dort liegen sie auf der Lauer und stürzen sich auf jede erreichbare Beute. Sie haben aber nur in ungefähr 20 % der Fälle Erfolg.

Wüsten

Weite Regionen unseres Planeten sind Wüstenlandschaften. Hier gibt es nur wenige Zentimeter Niederschlag pro Jahr, die Jahresmitteltemperaturen liegen zwischen −5 ° und 30 °C. Unter solchen Bedingungen können nur sehr wenige Pflanzen und Tiere leben. Das hat zur Folge, das die Wü-

AUSTRALISCHE SAVANNE

Das Gebiet wurde kaum vom Menschen ausgebeutet und ist deshalb relativ unberührt geblieben. In diesem Lebensraum gibt es viele Beuteltierarten. Man vermutet, dass diese Tiere und andere Säugetiere einen gemeinsamen Vorfahren aus der Zeit haben, als es den australischen Kontinent noch nicht gab. Später haben sich dann in Australien die Beuteltiere entwickelt und auf den anderen Kontinenten Säugetiere, deren Embryonen durch einen Mutterkuchen ernährt werden.

Emus

Die Laufvögel haben Ähnlichkeit mit afrikanischen Straußen und südamerikanischen Nandus. Im Unterschied zu den anderen Vögeln haben Straußvögel keinen Brustbeinkamm, an dem die Flugmuskulatur entspringt.

Kompass-Termiten

Die schlanken Bauwerke der Termiten werden bis zu 4 m hoch. Diese Termitenart verdankt ihren Namen der Tatsache, dass ihre Bauten immer in Nord-Süd-Richtung liegen.

Dingo

Der Nachkomme der Hunde, die von den Menschen nach Australien gebracht wurden, hat sich hervorragend angepasst, auch weil mittlerweile heimische Fleischfresser wie der Beutelwolf ausgerottet sind.

Eukalyptusbaum

Der Baum ist charakteristisch für das australische Grasland. Er bietet vielen kleineren Tieren wie den Koala-Bären Schutz. Sie ernähren sich von Eukalyptusblättern.

Waran

Das Fleisch fressende Reptil kann mehr als 1 m lang werden. Es ist sehr schnell und kann deshalb auch größere Säugetiere jagen.

Ameisenigel

Schnabeltiere und Ameisenbären sind die einzigen Vertreter der Ordnung der Kloakentiere. Die Weibchen dieser Säugetiere haben keine Zitzen sondern Milchdrüsenfelder. Die Jungen nehmen Nahrung durch Ablecken des Fells auf.

Rotes Riesenkänguru

Kängurus sind Pflanzenfresser, ihr Fell kann auch grau sein. Sie leben in größeren Gruppen oder Familienverbänden.

Kragenechse

Die Insektenfresser sind etwa 30 cm lang. Wenn sie angegriffen werden, stellen sie eine fächerartige Hautfalte hinter dem Kopf auf. So wirken sie größer und gefährlicher, als sie in Wirklichkeit sind.

sten noch unwirtlicher werden, als sie ohnehin schon sind. Ohne Lebewesen ist der Boden fast unfruchtbar, er bekommt keinerlei Düngung durch organisches Material und es bildet sich kein Humus. Zudem gibt der nackte Boden sehr schnell die tagsüber gespeicherte Wärme ab. So kommt es zu den hohen Schwankungen der Temperatur von 50 – 60 °C tagsüber bis zu Minusgraden in der Nacht.

In der Wüste lebende Organismen müssen mit sehr wenig Wasser auskommen. Einige Pflanzen, die Sukkulenten, lösen das Problem dadurch, dass sie Flüssigkeit aufneh-

SONORA-WÜSTE

Zwischen Kalifornien und Arizona halten Küstengebirge in Pazifiknähe die Regenwolken auf. Auf der anderen Gebirgsseite liegen Trockenlandschaften wie die Sonora-Wüste.

Wüstenbussard

Bussarde leben in Graslandschaften, haben sich aber auch hervorragend an die Bedingungen in der Wüste angepasst. Sie ernähren sich hauptsächlich von Reptilien.

Säulenkakteen

Die Pflanzen wachsen sehr langsam, werden aber bis zu 200 Jahre alt. Unter den harten Bedingungen in der Wüste kommen nur sehr wenige von 40 Millionen Samen einer Pflanze zum Keimen.

Pekari

Mit einer Länge von bis zu 1 m gehören Bisamschweine zu den größten Tieren in der Wüste. Sie leben in Gruppen und ernähren sich von Wurzeln, Früchten und Knollen.

Jackrabbit

Anders als ihre Artgenossen in kälteren Gegenden haben diese Wüstentiere besonders große Ohren und einen schlanken Körper. So steht eine größere Körperoberfläche zum Wärmeaustausch zur Verfügung.

Krötenechse

Ihre dicke Haut schützt diese Reptilien vor Insekten. Wenn sie sich angegriffen fühlen, verspritzen sie aus Drüsen in Augennähe eine mit Blut vermischte abstoßende Substanz.

Tarantel

Die etwa 6 cm lange Spinne tötet ihre Beute mit einem starken Gift. Meist hat sie es auf Wirbellose abgesehen, aber auch kleine Vögel, Nager, Fledermäuse, Eidechsen und Frösche sind vor Taranteln nicht sicher.

Sanborn-Fledermaus
Die Fledermäuse ernähren sich vom Nektar der Säulenkakteen und bestäuben so die Blüten. Im Amazonasgebiet übernehmen Kolibris diese Rolle.

Elf
Der kleine Raubvogel ist etwa 15 cm lang und geht nachts auf Beutefang. Oft lebt er in Höhlen, die Spechte in den Kakteen angelegt und dann verlassen haben.

Gila-Specht
Der Vogel wird etwa 20 cm groß und ernährt sich von Insekten und Beeren. Er ist in verschiedenen Lebensräumen auch in der Nähe von Menschen zu finden. Ideal ist für ihn die Wüste mit ihren vielen Kakteen.

Klapperschlange
Wie viele Wüstenschlangen können auch die hochgiftigen Klapperschlangen wochenlang ohne Nahrung überleben. Sie verharren fast bewegungslos in Erwartung einer verlockenden Beute.

Dattelpalmen

Im Wüstenklima gedeihen nur wenige Bäume. Dort, wo es ein wenig Wasser gibt – in den Oasen – , wachsen Dattelpalmen. Neben ihren Früchten spenden die Bäume Schatten und Feuchtigkeit. So werden andere Lebewesen angelockt.

SAHARA

Die Wüste erstreckt sich über ungefähr 9 Millionen qkm. Neben sandigen Gebieten gibt es in der Sahara Felsen und Gebirge sowie so genannte »Salzpfannen«, stark mit Bodensalzen angereicherte Ebenen.

Skink

Die Gliedmaßen dieser Wühlechsenart sind kürzer als die anderer Echsen. Skinke bewegen sich ähnlich wie Schlangen fort.

Dornschwanz

Wie andere Echsenarten verteidigt der 50 cm lange Dornschwanz sein Revier. Die Männchen schlagen sich gegenseitig in die Flucht und verschonen die Weibchen nur in der Fortpflanzungszeit.

Fennek

Fenneks oder Wüstenfüchse leben am Rande der Wüste. Sie sind in der Lage, in kürzester Zeit eine Höhle im Sand zu graben. Ihre großen Ohren dienen nicht nur dazu, feinste Geräusche zu orten, sondern auch um mehr Körperwärme abgeben zu können.

Wüstenmaus

Die kleinen Nager graben Höhlen unter Sträuchern oder im Sand. Trotz hoher Temperaturen sind sie auch tagsüber aktiv.

Dromedar

In den Wüsten herrschen extrem hohe Temperaturen in Bodennähe. In einer gewissen Höhe nimmt die Hitze ab. Dromedare haben eine Größe von 2 m, damit der Körper einen möglichst großen Abstand zum Boden hat

Skorpion

Mit dem Gift in der Schwanzspitze töten Skorpione ihre Beute. Sie jagen vor allem nachts und vergraben sich tagsüber im Boden.

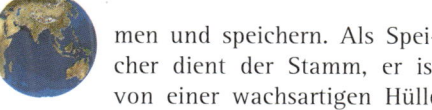

men und speichern. Als Speicher dient der Stamm, er ist von einer wachsartigen Hülle umgeben und so isoliert, dass kein Wasser durch Verdunstung verloren gehen kann. Die Blätter fehlen diesen Pflanzen entweder ganz oder sind zu nadelartigen Stacheln zurückgebildet, um eine möglichst geringe Oberfläche zu bieten. Aus diesem Grund sind viele Pflanzen auch kaum verzweigt, denn je runder die äußere Gestalt ist, umso weniger Wasser kann über die Oberfläche verdunsten.

Andere Pflanzenarten nutzen die kurzen günstigen Momente nach den wenigen Regenfällen. Die Samen dieser Pflanzen ruhen über Jahre hinweg und keimen nur bei Feuchtigkeit. Ehe diese verdunstet ist, wachsen die Pflanzen, blühen und bilden ihrerseits Samen. Danach sterben sie, im Boden bleiben die Samen zurück, die das Überleben der Art garantieren.

Auch die Tiere sind an die schwierigen Bedingungen in der Wüste durch geringen Wasserverlust angepasst. Sie geben kaum Flüssigkeit ab, ihr Urin ist hoch konzentriert. Kleine Tiere verbringen die heißesten Stunden in unterirdischen Schlupflöchern, wo die Temperatur viel niedriger ist als an der Oberfläche.

Gebirge

Bei Höhen oberhalb von 1000 oder 1500 m über dem Meeresspiegel werden die Bedingungen in einem Ökosystem weniger von der geografischen Breite als von der Höhe bestimmt. Die Temperaturen sinken um etwa 2,7 °C pro 500 m, die Niederschläge nehmen zu. Die Verhältnisse in Gebirgslandschaften können sich je nach Ausrichtung des Hanges sehr schnell ändern. Wenn die Wolken vorwiegend aus einer

ALPEN

Während der Eiszeiten wanderten einige Arten aus der Kälte in wärmere Gebiete. Als die Temperatur wieder anstieg, zogen sie zurück in den Norden, doch einige Populationen blieben auf den höchsten Bergen zurück. So gibt es in den Alpen auch Schneehasen, die eigentlich für Nordeuropa charakteristisch sind.

Moorhuhn

Oberhalb der Baumgrenze leben Moorhühner. Im Gras sind sie gut getarnt. Bei Gefahr verharren sie unbeweglich und fliehen erst, wenn der Feind sich bis auf wenige Meter nähert.

Hermelin

Die Nager leben in Erdhöhlen. Sie halten keinen Winterschlaf und jagen vor allem Vögel, kleinere Nager, Hasen und Kaninchen.

Alpendohle

Die für die Alpen typische Krähen nisten in Felsspalten oder auf Felsvorsprüngen und leben häufig in Scharen. Ihre Nahrung besteht aus Insekten, Eiern, Nestlingen und Beeren.

Gämse

Die Huftiere der Hochgebirge flüchten vor ihren Räubern, indem sie auf unerreichbare Felsvorsprünge klettern. Bei hohem Schnee kommen Gämsen im Winter bis in die Täler.

Schneehase

Schneehasen unterscheiden sich im Sommer kaum von Feldhasen, sind aber an das Leben in der Kälte angepasst.

Steinbock

Steinböcke leben in noch höheren Gebieten als Gämsen. Sie wandern fast nie in die Täler.

Schneemaus

Die kleinen Nager sind besonders an raues Klima angepasst. Die rundliche Körperform lässt auf ein isolierendes Fettpolster schließen und die geringe Körperoberfläche mit kleinen Ohren deutet darauf hin, dass die Tiere dem kühlen Lebensraum des Hochgebirges angepasst sind.

Murmeltiere

Den Winterschlaf halten Murmeltiere in Erdhöhlen. Im Sommer erkennt man sie leicht auf den Talhängen an ihren schrillen Pfiffen.

Richtung kommen und von den Berggipfeln aufgehalten werden, regnet es nur auf einer Seite, während die andere trocken bleibt. Wenn man einen Berg besteigt, trifft man mit zunehmender Höhe auf eine ähnliche Abfolge verschiedener Landschaften, wie bei einer Wanderung in Richtung des nächstgelegenen Poles. So gibt es am Fuß von Gebirgen in den gemäßigten Zonen der Nordhalbkugel zunächst Laubwald. Dann folgen Nadelwälder und Zwergsträucher. Noch weiter oben wird der Wind immer rauer und die Temperaturen nehmen stark ab, sodass ähnlich wie in der Tundra nur noch Moose und Flechten wachsen können. Auf den Gipfeln schließlich bestimmen unbewachsene Felsen und Gletscher das Bild.

Unbekannte Riesen

Meere und Ozeane nehmen einen Raum von etwa 1 Million Kubikmeter ein und bilden den größten Lebensraum der Erde. Trotzdem sind die Ökosysteme dieses riesigen »flüssigen Kontinents« bisher nicht umfassend erforscht.

Es ist bekannt, dass das Leben in den Bereichen an der Oberfläche konzentriert ist, in die das Licht dringt. Nur hier können Organismen leben, die Fotosynthese betreiben. Im offenen Meer handelt es sich dabei um viele mikroskopisch kleine Algen, die das (pflanzliche) Phytoplankton bilden. Hiervon wiederum ernährt sich das (tierische) Zooplankton, das aus winzigen Krustentieren und Organismen von weniger als 1 mm Größe besteht.

Beide Planktonarten sind Nahrung für viele Fischarten, die ihrerseits zahlreiche räuberische Fische an die Wasseroberfläche locken. Diese ziehen manchmal auch in

Tiefen, in denen sie dann selbst zur Beute werden. Dort wiederum leben Fische, die niemals an die Oberfläche kommen, selber aber in noch größere Tiefen wandern, wo auch sie von anderen gefressen werden. Diese Abfolge nach unten macht es möglich, dass Lebewesen im Wasser bis zu einer Tiefe von ungefähr 2 000 m existieren können. Noch tiefer gibt es nur wenige bekannte Arten, die sich scheinbar von abgestorbenen, auf den Meeresboden herabsinkenden Organismen ernähren.

Süßwasser-Lebensräume

Flüsse und Seen sind die wichtigsten Süßwasser-Lebensräume auf der Erde. Ihre Wasserfläche bildet in viel stärkerem Maß als die Randzonen anderer Biotope eine deutliche Grenze. Die Bewohner sind oft weniger hoch entwickelte Arten, da sie wie die Amphibien und Fische noch viele Merkmale jener ursprünglichen Lebewesen aufweisen, aus denen sich erst im Lauf der Evolution ein Leben an Land entwickeln konnte.

Die Anzahl der Arten in einem See hängt weitgehend von dessen Entstehung und seiner Umgebung ab. In Flachlandseen ist die biologische Vielfalt größer, weil durch Niederschläge und Flüsse Nährstoffe aus der Umgebung hereingetragen werden. Die von den Nährstoffen lebenden Pflanzen (das Phytoplankton) und Mikroorganismen (das Zooplankton) betreiben Fotosynthese. Sie bilden die Grundlage für eng verflochtene Nahrungsketten, in die auch viele Fisch- und Vogelarten einbezogen sind. An deren Ende stehen die so genannten Destruenten – Bakterien, die in der Lage sind, herabsinkende abgestorbene Gewebe zu zersetzen. Die dabei freigesetzten

Weißer Hai
Die Zahnreihen der Haie wachsen ständig nach. Schützende Lider legen sich über die Augen, wenn sie sich ihrer Beute nähern. Mit speziellen Sensoren sind Haifische in der Lage, Bewegungen zu orten.

Clownfisch
Die giftige Seeanemone kann dem Clownfisch nichts anhaben. Er findet Schutz zwischen den Tentakeln seines Wirts. Als Gegenleistung hält der Fisch mit seinen Flossen ständig das Wasser in Bewegung und liefert so der Seeanemone Nahrung in Form von Mikroorganismen.

Putzerfische

Es gibt Fische, die sich von den Parasiten anderer Fische ernähren. Selbst so aggressive Räuber wie Muränen lassen Putzerfische an sich heran und überlassen ihnen die Reinigung ihrer empfindlichen Kiemen.

Schwämme

Die Meeresbewohner nehmen eine Zwischenstellung ein zwischen mehreren einzelligen und einem mehrzelligen Lebewesen. Die Zellen der Schwämme bilden mehrere Schichten. Wird ein Teil abgerissen, erhalten die verbliebenen Zellen neue Aufgaben.

Seelilien

Die Verwandten der Seeigel sind am Grund verankert. Um ihren Mund befinden sich Tentakel. Durch deren Bewegung wird Plankton als Nahrung herangeschwemmt.

KORALLENRIFFE

Die Skelette winziger Korallenkolonien haben Riffe gebildet, die am Rand eines untergegangenen Vulkans liegen und dort ringförmige Atolle bilden oder bei Lagunen in Strandnähe entstanden sind. Unter allen Meereslebensräumen haben Riffe die größte Artendichte.

Skorpionsfisch

Mit seinen zahlreichen Stacheln spritzt der Fisch starkes Gift in seine Beute. Viele Organismen im Korallenriff verteidigen sich mit giftigen Substanzen.

Enten

Viele Entenvögel pflanzen sich im Sommer in den Seen der kalten Regionen fort und ziehen im Winter in warme Gebiete. Auf der Wanderung in den Süden ruhen sie sich Jahr für Jahr immer an denselben Seen aus.

Seerosen und Teichrosen

Weiße Seerosen und Teichrosen leben in Sümpfen oder Seen, wo sie Wurzeln schlagen können. Die großen Blätter sind unter Wasser oder schwimmen auf der Wasseroberfläche. Die beiden Arten unterscheiden sich durch die Blattformen. Weiße Seerosen haben fast runde, Teichrosen herzförmige Blätter.

Stoffe werden wieder in den Kreislauf des Gewässers eingebunden. In hoch liegenden Gebirgsseen ist das Wasser oft sehr kalt, besonders wenn es sich um Gletscherseen handelt. Das umliegende Gelände bietet kaum organisches Material und Mineralstoffe, was dazu führt, dass in diesen Seen nur vergleichsweise wenige Pflanzen und Tiere leben.

In Flüssen ist die Stärke der Strömung maßgeblich für das Vorkommen von bestimmten Lebewesen. Bei starker Strömung, meist im Oberlauf, werden Pflanzen häufig mitgerissen. Hier setzen sie sich vor allem in Ufernähe fest oder in den Stillwasserzonen der Gleithänge. Auch für Tiere ist die starke Strömung ein Problem. Um nicht mitgerissen zu werden, saugen oder haken sie sich an Steinen fest.

Im Unterlauf ist die Strömung ruhiger, sandige Ablagerungen und Nährstoffe, die aus dem Gebirge mitgeführt wurden, setzen sich ab. Die Vegetation ist hier so üppig, dass zahlreiche Fische und Wirbellose Nahrung finden.

Hecht
Mit seinem lang gezogenen Körper, der Rückenflosse in Schwanznähe und dem großen Kopf mit kräftigen Kiefern ist der Hecht ein hervorragender Räuber, der sich blitzartig auf seine Beute stürzt und auffrisst. Er ernährt sich von anderen Fischen, aber auch von Fröschen und kleinen Säugern.

LEBENSRAUM BINNENSEE
Seen sind reich an Nährstoffen und wie Sumpfgebiete über die ganze Erde verteilt. Sie haben wichtige Funktionen für die jeweiligen Ökosysteme. Sie sind Wasserreservoir für Mensch und Tier und gleichen den Wasserstand von Flüssen aus, wodurch Überschwemmungen verhindert werden.

Forelle
Seeforellen sind etwa 50 cm lang und unterscheiden sich von Bachforellen durch eine gedrungene Körperform, die sich eher für langsam fließendes Süßwasser eignet.

Wasserpest
Die rasch wachsenden Pflanzen finden ideale Wachstumsbedingungen in langsam fließendem Süßwasser.

Aalrutte
Die Fische bevorzugen tiefe und kalte Gewässer mit eher langsamer Strömung. Aalrutten oder Trüschen fressen vorwiegend nachts. Ihre Nahrung besteht aus Larven, Insekten und Krustentieren.

MADAGASKAR

Auf der großen, Südafrika vorge-
lagerten Insel gibt es vor allem
drei Lebensräume: im Westen die
Savanne, im Inselinneren Berge
und im Osten tropischen Regenwald mit vielen endemischen, nur
dort heimischen Arten wie Lemuren oder Halbaffen.

Aye Aye

Mit dem charakteristischen langen Mittelfinger graben die Halbaffen in vermoderten Baumstämmen nach Insektenlarven.

Indri

Die kleine Lemurenart
ernährt sich nachts von
Früchten, Nektar, Sprossen,
aber auch kleinen Wirbeltieren. Tagsüber ruhen die Tiere
in den Bäumen. Indris sind die
einzigen Lemuren, die in eine
Art Winterschlaf fallen.

Chamäleon

Die Echsen haben einen
Greifschwanz und können mit
jedem Auge in eine andere
Richtung sehen. So wird die
Suche nach Insekten erleich-
tert, die mit der langen und
klebrigen hervorschleu-
dernden Zunge ge-
fangen werden.

Frettkatze
Dieses Säugetier gehört zur Familie der Mangusten. Die Nachträuber ernähren sich von Lemuren und kleineren Haustieren.

Katta
Die etwa 40 cm langen Lemuren ernähren sich von Früchten und Blättern, seltener auch von Insekten. Sie sind ein tagsüber aktiv, leben auf Bäumen in Familien, bei denen männliche und weibliche Tiere eine eigene Rangordnung haben.

Quellenbaum
Der Baum wird etwa 20 m hoch und hat 2 m lange Blätter. Der weit entfernte Verwandte der Palmen verdankt seinen Namen der Tatsache, dass sich an den Blattansätzen reines Wasser sammelt, mit dem Reisende ihren Durst löschen können.

Inseln
Auf Inseln gleichen die Lebensräume in der Regel jenen auf dem nahe gelegenen Festland. Die abgeschiedene Lage führt aber oft zu neuen Artenzusammensetzungen oder zum Auftreten von Lebewesen, die es nirgends sonst gibt. Einige Arten können das Festland nicht erreichen, weil das Meer die Inseln isoliert und Wanderungen zu riskant sind. Häufig entwickeln sich Organismen auf Inseln anders als Lebewesen auf dem Festland. Der Zufall will es vielleicht, dass natürliche Feinde oder Eingriffe des Menschen den Bestand einer Art auf dem Festland ausrotten, während die Artgenossen auf der Insel überleben. Durch ihr Inseldasein haben diese Lebensräume eine Sonderstellung und zugleich ist es ihre Lebensgrundlage. Ein solches Ökosystem reagiert meist sehr anfällig auf Störungen. Die Ausrottung einer Art oder die Ansiedlung vollkommen neuer Arten hat meist die unwiderrufliche Zerstörung einzigartiger Lebensgemeinschaften zur Folge.

Biologische Vielfalt in Gefahr

Das Artensterben scheint unaufhaltsam zu sein. Zur Zeit stirbt im Durchschnitt pro Jahr eine Wirbeltierart aus. Das ist viel mehr als etwa vor 65 Millionen. Jahren, als die Dinosaurier verschwanden. Alles deutet darauf hin, dass der Mensch ursächlich dafür verantwortlich zu machen ist.

Ein Blick in die Vergangenheit

In der Geschichte der Entwicklung des Lebens kam es immer wieder zum Untergang von Arten. Ein Beweis dafür sind Fossilien. Anhand der Funde hat man berechnet, dass eine Art mehrere zehntausend Jahre überlebt und ausstirbt, wenn sich die Umweltbedingungen in ihrem Lebensraum verändern. Im Lauf der Jahrtausende kommt es regelmäßig zu Klimaschwankungen. In den vergangenen 700 000 Jahren hat es mindestens fünf große Eiszeitalter auf der Erde gegeben. Andere Gründe für das Aussterben von Arten können das Versiegen von Nahrungsquellen oder die Ausbreitung von neuen Krankheiten sein.

Beutelwolf
Der tasmanische Wolf war das größte Fleisch fressende Beuteltier Australiens. Seine ökologische Nische entsprach derjenigen der Säugetier-Wölfe. Die Gründe für das Aussterben der Art im Jahr 1936 waren die Jagd, die Zerstörung des Habitats und die Konkurrenz der Dingos.

AUSGEROTTETE TIERE

Diese Tierarten gibt es nicht mehr, sie wurden durch den Menschen ausgerottet. Jährlich finden zahlreiche andere Arten das gleiche Ende. Sie nicht noch nicht einmal auf Zeichnungen zu sehen, weil viele verschwinden, ohne je entdeckt und erforscht worden zu sein.

Kubanischer Ara
Der dreifarbige Papagei wurde in der Mitte des 19. Jahrhunderts ausgerottet. Man machte Jagd auf die Vögel und fing sie ein, um sie als Gesellschaftstiere zu verkaufen.

Die Veränderungen gehen im Allgemeinen langsam voran, sodass die Arten Zeit haben, sich auf die veränderten Bedingungen einzustellen. Zum Aussterben sind diejenigen verurteilt, die sich nicht anpassen. Allerdings verläuft der Artenschwund nicht immer in der gleichen Weise. In der Erdgeschichte hat es mindestens fünf Mal ein Massensterben gegeben. Jedes Mal wurden dabei die meisten Lebensformen ausgelöscht. Gegen Ende des Perm vor etwa 225 Mio. Jahren waren 90% aller Arten betroffen. Vor 65 Mio. Jahren traf es die Dinosaurier, die über 150 Mio. Jahre die Erde bevölkert hatten. Im Vergleich mit der Dauer geologischer Zeitalter sind solche Abläufe vergleichsweise nur kurze Episoden. Es hat immer mehrere Zehntausend Jahre gedauert, bis eine Art ausgelöscht war. In heutiger Zeit laufen diese Vorgänge

Encephalortos woodii

Die südafrikanische Pflanze ist nur noch mit einem Exemplar in den Royal Botanic Gardens in Kew vertreten. Die Art ist zum Aussterben verurteilt, weil sie zweihäusig ist, das heißt das männliche und weibliche Geschlechtsorgane auf zwei Individuen verteilt sind. Die existierende Pflanze ist männlich, es gibt also keine Möglichkeit der Fortpflanzung.

Emeus crassus

Vor einigen Jahrhunderten starb der neuseeländische etwa 1,5 m große Vogel aus. Er wurde von den ersten Siedlern in dieser Gegend gejagt.

Dodo

Dieser 20 kg schwere, flugunfähige Vogel lebte auf der Insel Mauritius vor der afrikanischen Küste. Europäische Siedler »entdeckten« ihn 1598. In Folge der Bejagung und der Einführung von Hunden und Wildschweinen war der Dodo 1680 ausgestorben.

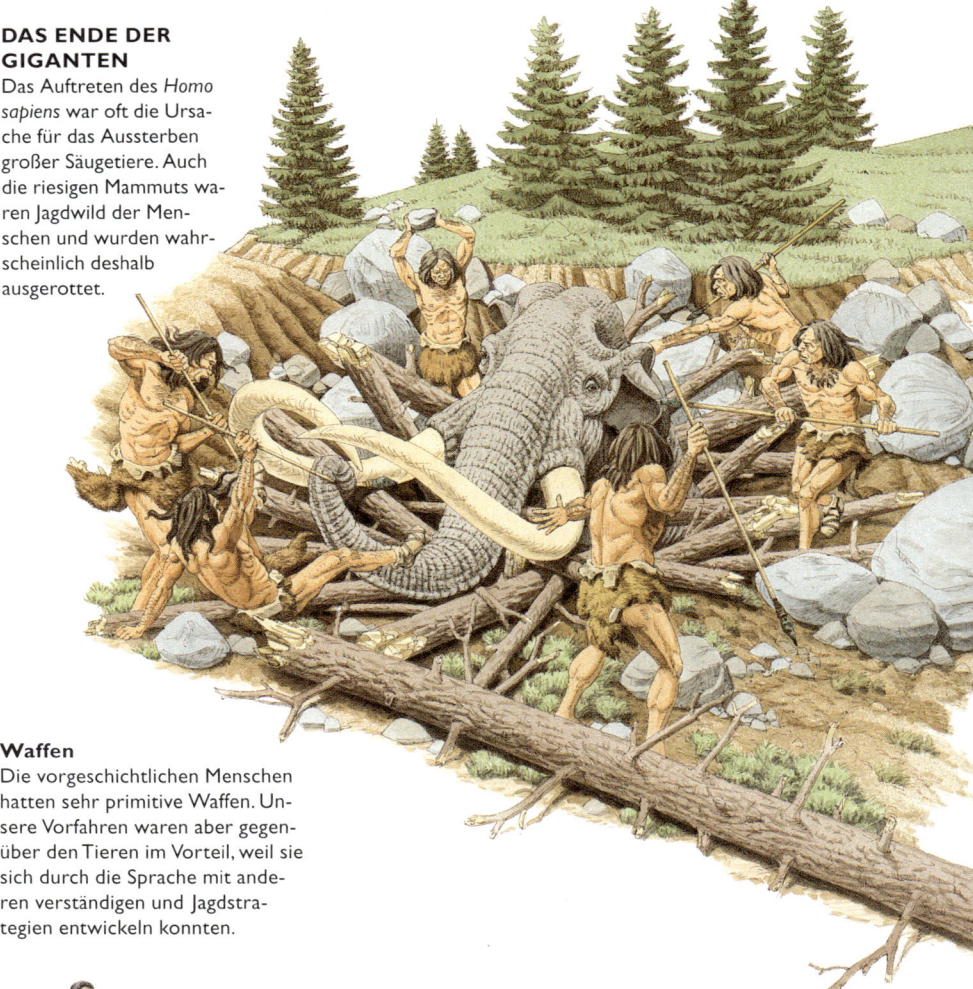

DAS ENDE DER GIGANTEN

Das Auftreten des *Homo sapiens* war oft die Ursache für das Aussterben großer Säugetiere. Auch die riesigen Mammuts waren Jagdwild der Menschen und wurden wahrscheinlich deshalb ausgerottet.

Waffen

Die vorgeschichtlichen Menschen hatten sehr primitive Waffen. Unsere Vorfahren waren aber gegenüber den Tieren im Vorteil, weil sie sich durch die Sprache mit anderen verständigen und Jagdstrategien entwickeln konnten.

in deutlich kürzerer Zeit ab. Allein in den letzten hundert Jahren starben so viele Arten aus, wie nie zuvor in einem so kurzen Zeitraum. Es ist also keineswegs übertrieben zu behaupten, dass sich zurzeit wohl das sechste Massensterben vollzieht. Dieses Mal sind vor allem Vögel und große Säugetiere betroffen. Dabei weiß man noch nicht einmal, wie viele Tier- und Pflan-zenarten ausgelöscht werden, die noch gar nicht entdeckt wurden.

Die Ursachen für die früheren Ausrottungen sind unbekannt. Das Ende der Dinosaurier führt man auf den Aufprall eines riesigen Meteoriten und daraus folgende Klimaveränderungen zurück. Für das Aussterben vieler Arten in unserer Zeit ist jedoch der Mensch verantwortlich. Der Ernst der Lage wird erst deutlich, wenn man sich vorstellt, dass in den nächsten 20 Jahren ein Fünftel aller Tier- und Pflanzenarten auszusterben drohen und dass es im nächsten Jahrhundert 50% sein könnten. Da sich trotz des wiederholten Niedergangs von Arten immer wieder neue Lebewesen auf der Erde entwickelt haben, unterliegt man der Versuchung, die gegenwärtige Situation zu unterschätzen. Das wäre allerdings ein großer Fehler. Denn nach jedem Massensterben hat es viele Millionen Jahre gedauert, bis sich wieder so viele Arten neu entwickelt hatten wie vorher ausgestorben waren und das wird sich wohl nicht mehr im Einflussbereich menschlichen Wirkens vollziehen – im Gegenteil kann es allmählich den Niedergang auch der menschlichen Rasse einleiten.

Gestörtes Gleichgewicht
Obwohl die amerikanischen Indianer hervorragende Büffeljäger waren, waren die Tiere niemals vom Aussterben bedroht. Das Gleichgewicht Mensch-Natur zerbrach mit der Ankunft der Europäer. Mit ihren Jagdgewehren rotteten sie die großen Pflanzenfresser schließlich aus.

Die Strategie der Indianer
Die Indianer jagten in Gruppen, sie schreckten die Büffel auf und trieben sie an einen Abgrund. Die abgestürzten verletzten Tiere wurden getötet und jeder Teil ihres Körpers verwendet.

ENTSTEHUNG DER LANDWIRTSCHAFT

Vor etwa 9 000 Jahren wurden die ersten Pflanzenarten gezielt angebaut. Mit der Landwirtschaft nahmen auch die Eingriffe des Menschen in die Umwelt zu. Viele Gebiete wurden bewirtschaftet, in ihrer Nähe entstanden Siedlungen. Weil ausreichend Nahrung vorhanden war, konnte die Bevölkerung wachsen und sich auch anderen Tätigkeiten widmen.

Weizen und Malz
Getreide, vor allem Weizen und Malz, waren vermutlich die ersten Pflanzenarten, die angebaut wurden. Um Platz für Felder zu schaffen, begann der Mensch in den gemäßigten Zonen Wälder zu roden, was auch heute noch in großem Umfang geschieht.

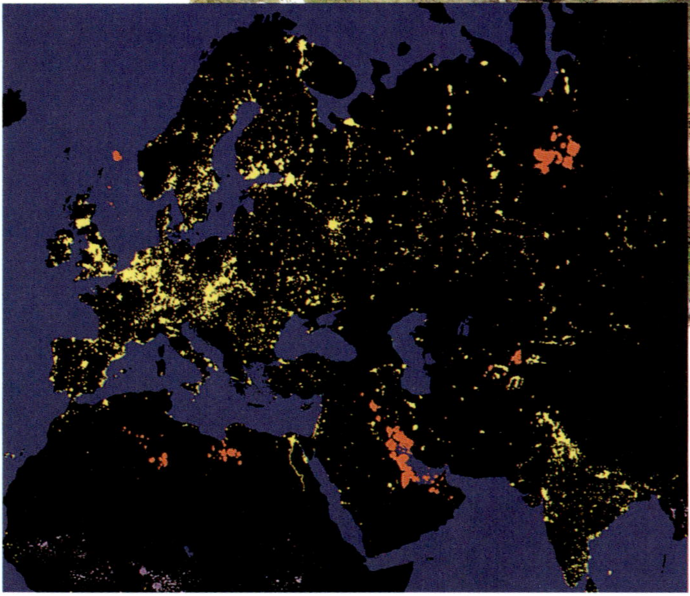

Die Übermacht des Menschen
Auch vom Weltall aus sind die vielen funkelnden künstlichen Lichter sichtbar. Das Foto zeigt einen Bereich der Erdoberfläche bei Nacht.

Die Entwicklung von Werkzeugen

Um 4 000 v. Chr. lernte der Mensch, Äxte aus Metall anzufertigen. Damit war es leichter, Bäume zu fällen.

In der Geschichte der Entwicklung des Lebens hat es also immer wieder Artenrückgänge gegeben. Trotzdem hat sich in den vergangenen Millionen Jahren eine größere biologische Vielfalt auf unserem Planeten entwickelt als in vorherigen Erdzeitaltern. Es war eine Evolution von mehr als vier Milliarden Jahren nötig, damit jene außerordentliche große Vielzahl von Lebewesen entstehen konnte, die heute unseren Planeten bevölkern und ihn zum einzigen Ort gemacht haben, an dem Leben in dieser Form möglich ist.

Der Eingriff des Menschen

Im Unterschied zu allen anderen Lebewesen ist der Mensch in der Lage, Umweltbedingungen zu verändern und seinen Bedürfnissen anzupassen. Diese Fähigkeit hat ihm zu einer einzigartigen Entwicklung verholfen. Nun ist zu befürchten, dass die Menschheit nicht nur die biologische Vielfalt, sondern auch sich selbst auslöschen wird. Der *Homo sapiens* ist zwar bereits vor 50 000 – 40 000 Jahren aktiv an der Ausrottung von Arten beteiligt gewesen, doch erst seit der industriellen Revolution Ende des 19. Jahrhunderts hat sich die Situation wirklich zugespitzt.

In dieser Epoche wurden technische Mittel entwickelt, mit denen die Ausnutzung der Rohstoffquellen weltweit und auf breiter Ebene möglich wurde. Gleichzeitig nahm die Bevölkerungsdichte in einem Umfang zu, die sie zur Bedrohung für andere Arten werden ließ, denen dadurch immer weniger natürliche Lebensräume zur Verfügung stehen.

Bei all den düsteren Aussichten gibt es aber auch einen Lichtblick. Im vergangenen Jahrhundert wurde das Interesse unse-

DÖRFER IN NORDEUROPA

Die Landwirtschaft hat ihren Ursprung im Nahen Osten und erreichte bald Nordeuropa, wo es viel fruchtbares Land gab. Die ersten Ansiedlungen waren aber noch sehr klein. Es wurde dort vorwiegend Vieh gezüchtet.

Anbaugebiete
Um Platz für Felder oder Gebäude zu schaffen, werden im Mittelmeerraum Wälder gerodet oder abgebrannt. Steineichenwälder, die für diese Region kennzeichnend sind, wurden so fast vollständig ausgerottet.

MEDITERRANE LEBENSRÄUME
Seit vielen tausend Jahren hat der Einfluss des Menschen im Mittelmeerraum schwer wiegende Folgen gehabt. Große Flächen verkarsten, das heißt die Bodenoberfläche ist Wind und Wetter ausgesetzt und wird ausgewaschen.

rer Zivilisation an der Rettung der Natur geweckt. Auslöser waren zunächst moralische und ästhetische Gründe, dann reifte aber auch die Erkenntnis, dass der Mensch nur im Einklang mit der Natur überleben kann. Vom wissenschaftlichen Standpunkt aus betreiben Natur- und Artenschützer, Ökologen und Biologen Ursachenforschung, um die Gründe für die vom Menschen ver-

schuldete Zerstörung von Lebensräumen zu ermitteln. Zwei Bereiche greifen dabei ineinander: der Artenschutz und die Entwicklung neuer Methoden für einen schonenden Umgang mit der Natur.

Treibhauseffekt und Rodungen
Von allen Umweltbeeinflussungen durch den Menschen, die das Auslöschen von Arten zur Folge haben können, wurden am

gründlichsten der Treibhauseffekt und die Auswirkungen der großflächigen Abholzungen untersucht. Der Treibhauseffekt ist zurückzuführen auf das Ansteigen des Kohlendioxid-Gehaltes in der Atmosphäre. Die Treibhausgase sind in erster Linie verantwortlich für die zunehmende Erwärmung des Planeten in den letzten Jahren. Seit der Mitte des 19. Jahrhunderts hat der CO_2-Gehalt der Atmosphäre um 30 % zugenommen. Die Folge ist ein Temperaturanstieg von 0,4 – 0,8 °C. Diese Werte mögen niedrig erscheinen. Allerdings hat ein Temperaturabfall von 0,5 °C in Europa von 1570 bis 1730 eine Kaltzeit ausgelöst, die die Menschen vor erhebliche Probleme gestellt hat.

Um den Treibhauseffekt einzuschränken, muss der Ausstoß von CO_2 drastisch reduziert und das Abholzen der Wälder aufge-

Weideland
Wo die Wurzeln der Steineichen dem Boden keinen Halt mehr geben, wird die fruchtbare Schicht immer dünner und ist oft nach wenigen Jahren nicht mehr zum Anbau geeignet. Auf diesen Böden siedelt sich die Macchie-Vegetation mit hochwüchsigen Sträuchern an.

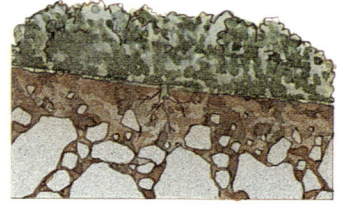

Trockenheit
Wird das Gebiet weiterhin intensiv als Weideland genutzt, verschwinden auch die Sträucher. Die fruchtbare Bodenschicht wird noch dünner. Hier wächst die typische Garigue-Vegetation, bestehend aus Myrten und Graspflanzen.

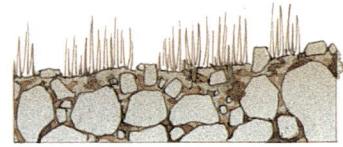

halten werden. Der Wegfall der Fotosynthese, mit der Pflanzen CO_2 aufnehmen und Sauerstoff produzieren, hätte dramatische Auswirkungen auf die gesamte Tier- und Pflanzenwelt und deren Lebensräume.

In Europa könnte sich zum Beispiel der Mittelmeerraum in eine Wüstenlandschaft verwandeln, oder die Durchschnittstemperatur könnte in Skandinavien um einige Grade ansteigen. Theoretisch wäre eine Verschiebung aller Großlebensräume nach Norden denkbar. Allerdings ist zu wenig bekannt über den Einfluss der Meeresströmungen und die Verlagerung von Luftmassen. Wohin uns diese Entwicklung führt, ist deshalb nicht vorhersehbar.

Dass das Abholzen großer Waldgebiete eine entscheidende Rolle beim Treibhauseffekt spielt und einen noch tieferen Eingriff in die biologische Vielfalt darstellt, ist inzwischen unumstritten. Wo Wälder vernichtet werden, werden einige Lebensräume vollständig zerstört oder zerschnitten.

Intakte Lebensräume
In den Prärien im Zentrum der USA gibt es manchmal sehr regenarme Jahre. Bei einem intakten Lebensraum bieten die Graswurzeln dann den nötigen Halt des Bodens.

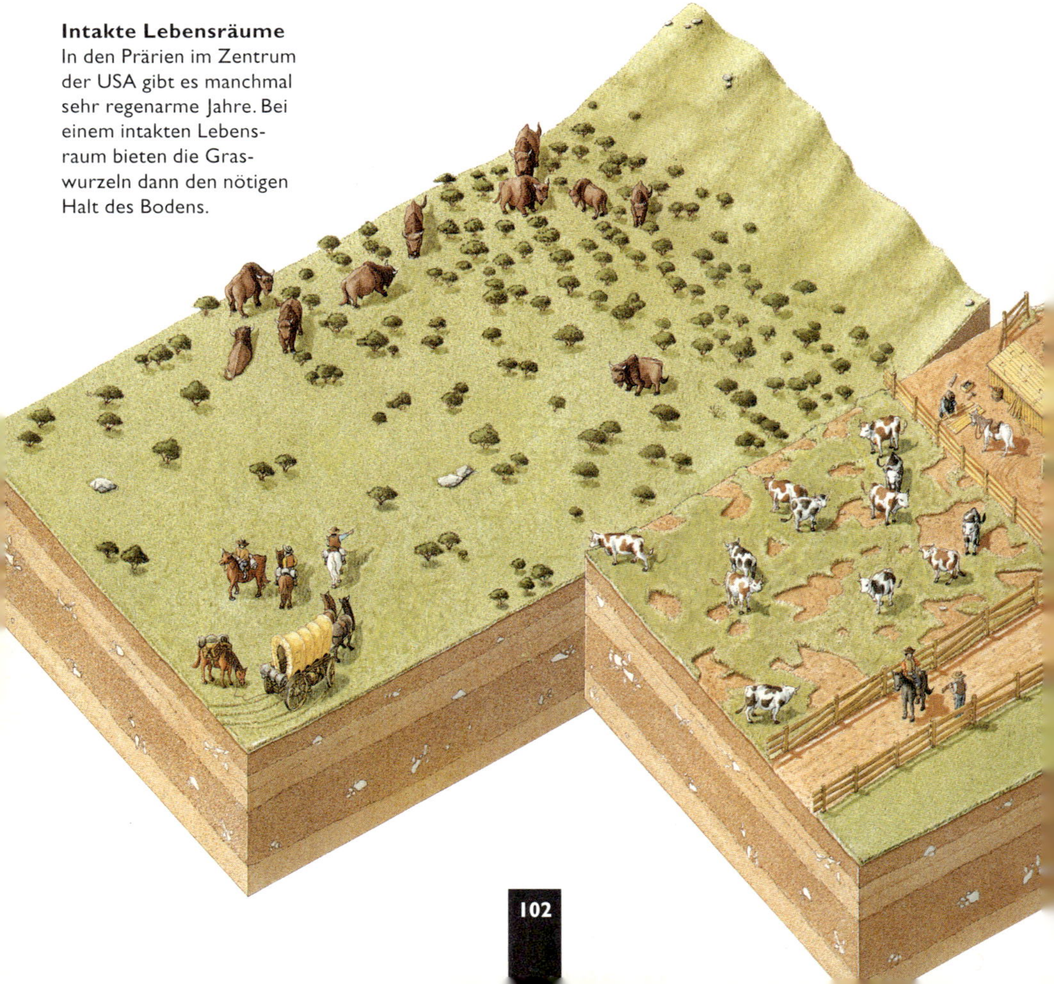

UNVORHERSEHBARE FOLGEN

Oft beginnt der Mensch Lebensräume auszunützen, ohne sich der mitunter dramatischen Folgen bewusst zu sein. Ein Beispiel sind die verheerenden Sandstürme in den USA in den 1930er Jahren.

Landnahme

Zu Anfang des 20. Jahrhunderts begannen Landwirte und Viehzüchter mit der Nutzung der Ebenen. Einige Jahrzehnte lang ging al es gut. Es gab viel Regen, der Boden blieb feucht und kompakt.

Aufgabe der Felder und ihre Folgen

Seit 1934 gab es mehrere Trockenperioden. In dem umgepflügten Land gab es keine Wurzeln mehr. Der Boden wurde zu Staub und vom Wind weggeweht. Die fruchtbare Bodenkrume wurde fortgeweht, die Bauern gaben das Land auf. Starke Sandstürme mit einer Geschwindigkeit von über 100 km/h sorgten im gesamten Zentrum der USA für Hungersnöte und Zerstörung.

TREIBHAUSEFFEKT

Diese Erscheinung trägt zur Erwärmung der Atmosphäre und der Erdoberfläche bei. Die so genannten Treibhausgase Kohlendioxid und Methan können den Energiehaushalt der Erde beeinflussen. Ohne Treibhauseffekt würde Berechnungen zufolge die durchschnittliche Oberflächentemperatur um -18°C betragen.

Luftverschmutzung

Seit Beginn der industriellen Revolution hat der Mensch immer mehr Brennstoffe wie Kohle und Benzin verbrannt. Als Folge davon gelangten immer größere Mengen Kohlendioxid in die Atmosphäre. Die Treibhausgase haben zugenommen und die Erdoberfläche heizt sich auf.

Sonneneinstrahlung

Von den Sonnenstrahlen, die in die oberen Schichten der Atmosphäre eindringen, erreichen etwa 51 % die Erdoberfläche. Sie sind an der Erwärmung des Bodens, der Eisschmelze und an der Fotosynthese beteiligt.

Erdabstrahlung

Als Folge der Aufheizung strahlt die Erde Wärme in Form von Infrarotstrahlen ab. Etwa 90 % der Strahlen werden von den Treibhausgasen zurückgehalten. Sie gelangen wieder auf den Boden und tragen erneut zur Aufheizung bei.

Verantwortlich sind dafür fast immer die Menschen. Das zeigt sich heute besonders in den Tropen, ist aber überall in dicht besiedelten Regionen festzustellen.

In den Industrieländern beobachtet man die Auswirkungen bereits seit geraumer Zeit. Das Problem ist, dass jeder Organismus einen Lebensraum braucht. Dieses so genannte Habitat muss eine Mindestgröße haben, die je nach Art unterschiedlich ist. Ein- und dasselbe Habitat kann für eine Spitzmaus enorm groß und für einen Bären winzig sein. Bei Wandertieren ist auch zu berücksichtigen, dass die Lebensräume je nach Jahreszeit wechseln. Die Gebiete müssen nicht nur ausreichend groß, sondern jeweils auch leicht erreichbar sein. Damit eine Art über lange Zeit erhalten bleibt, reicht es nicht aus, dass die Reviere in einem Habitat genügend Raum für das Überleben einzelner Organismen bieten. Auch größere Populationen müssen dort Platz finden.

Gibt es in einem Gebiet nur wenige Individuen einer Art und in der Nähe keine weitern Lebensräume, aus denen Artverwandte zuwandern könnten, kann kein ausreichender Austausch der Gene mehr stattfinden. Folglich könnten sich beispielsweise Erbkrankheiten stärker ausbreiten und die Überlebenschancen der Nachkommen wären geringer. (Aus der Sicht des Menschen sind die Risiken einer Heirat unter Blutsverwandten seit langem bekannt. In fast allen Kulturen wird deshalb die Eheschließung zwischen Kindern und Eltern und unter Geschwistern aus moralischen Gründen verurteilt).

Hinzu kommt, dass eine kleine Population in einem begrenzten Gebiet auch stärker den Auswirkungen plötzlich auftretender

Waldbrand
Die Wälder spielen eine wichtige Rolle bei der Bekämpfung des Treibhauseffekts. Im Holz sammeln sich in Form von Zellulose große Mengen Kohlenstoff an. Durch das Verbrennen des Holzes wird der Kohlenstoff in Form von Kohlendioxid frei. Der Treibhauseffekt nimmt dadurch zu.

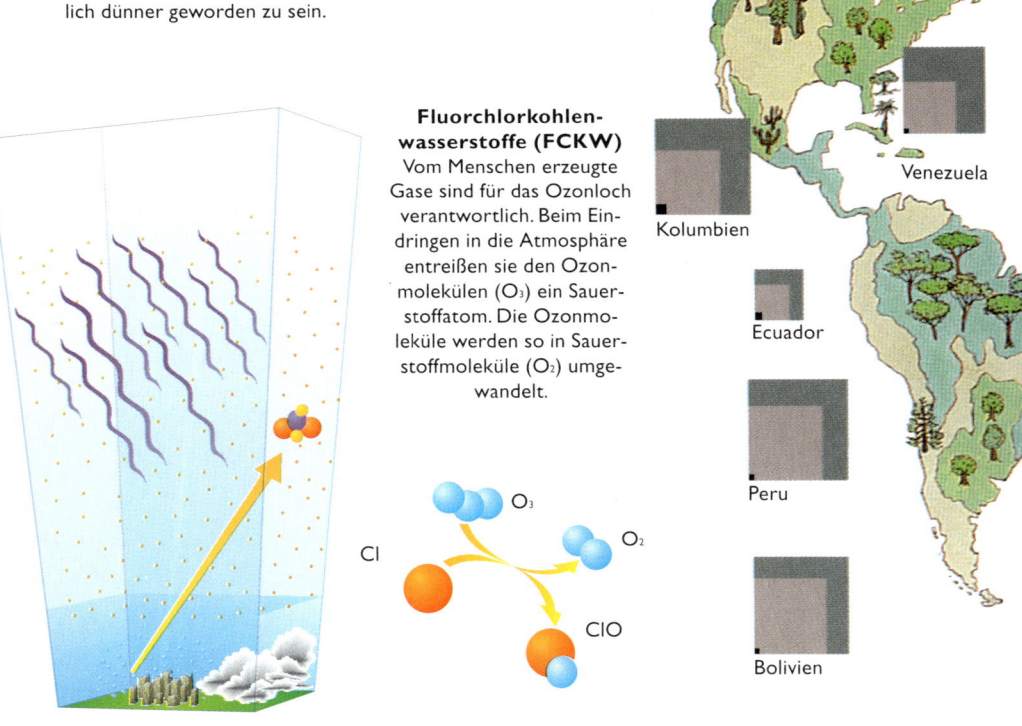

OZON

Das Gas befindet sich vor allem in höheren Schichten der Atmosphäre und schluckt die schädlichen ultravioletten Strahlen, die so nicht in die Biosphäre gelangen. In den vergangenen Jahren scheint die Ozonschicht erheblich dünner geworden zu sein.

Fluorchlorkohlenwasserstoffe (FCKW)

Vom Menschen erzeugte Gase sind für das Ozonloch verantwortlich. Beim Eindringen in die Atmosphäre entreißen sie den Ozonmolekülen (O_3) ein Sauerstoffatom. Die Ozonmoleküle werden so in Sauerstoffmoleküle (O_2) umgewandelt.

Mexiko

Venezuela

Kolumbien

Ecuador

Peru

Bolivien

O_3

O_2

Cl

ClO

O_2

O

Ereignisse ausgeliefert ist. Dabei kann es sich beispielsweise um den Ausbruch eines Vulkans, die Verbreitung eines Virus oder eine Überschwemmung handeln. Wenn deshalb in einer Population nur wenige Exemplare überleben und es darüber hinaus einen Überhang männlicher oder weiblicher Artgenossen gibt, wird die Zahl der Nachkommen noch weiter reduziert.

Wissenschaftler sind deshalb der Meinung, dass eine Population mit weniger als 50 Individuen nach wenigen Generationen zum Aussterben verurteilt ist. Bei einer Anzahl zwischen 50 und 500 Exemplaren erhöht sich die Chance auf einige hundert Jahre. Noch mehr Individuen garantieren den Bestand einer Art auf unbegrenzte Zeit. Die einzige Möglichkeit zum Überleben aller Tier- und Pflanzenarten besteht darin,

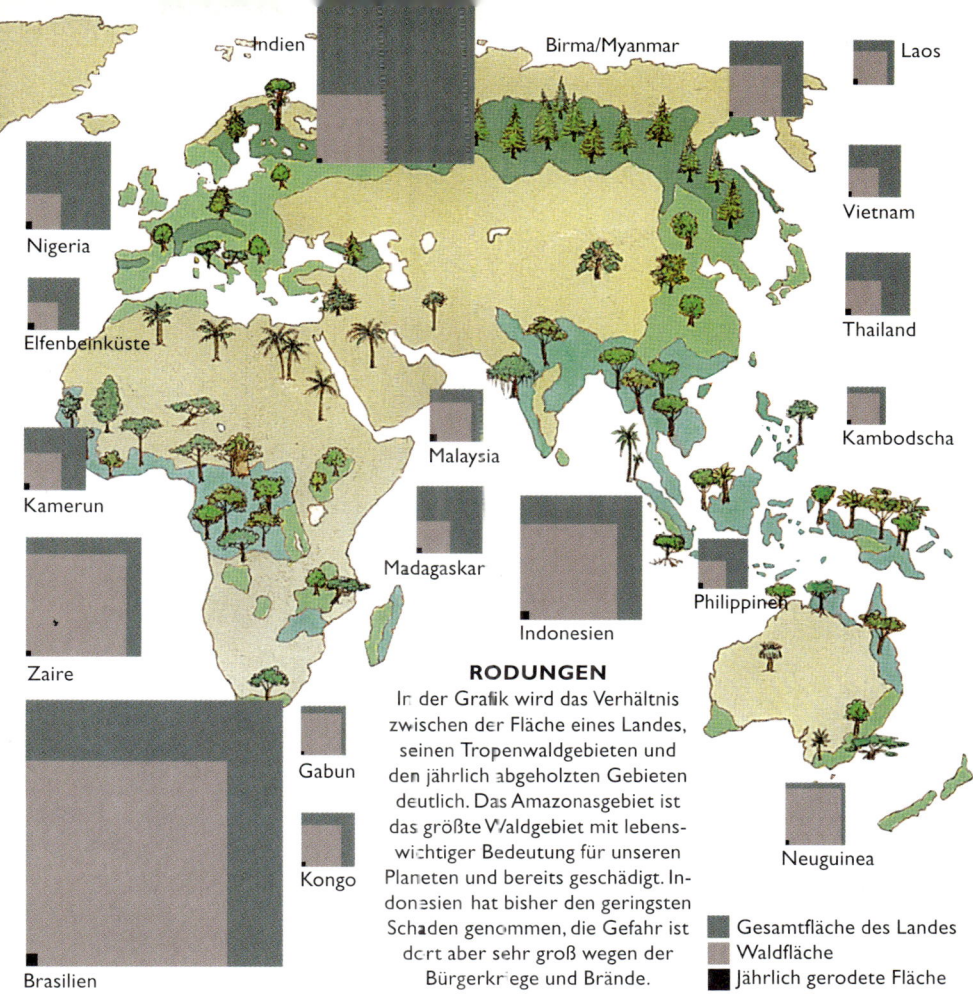

Indien
Birma/Myanmar
Laos
Vietnam
Nigeria
Thailand
Elfenbeinküste
Kambodscha
Kamerun
Malaysia
Madagaskar
Philippinen
Zaire
Indonesien
Gabun
Kongo
Neuguinea
Brasilien

RODUNGEN
In der Grafik wird das Verhältnis zwischen der Fläche eines Landes, seinen Tropenwaldgebieten und den jährlich abgeholzten Gebieten deutlich. Das Amazonasgebiet ist das größte Waldgebiet mit lebenswichtiger Bedeutung für unseren Planeten und bereits geschädigt. Indonesien hat bisher den geringsten Schaden genommen, die Gefahr ist dort aber sehr groß wegen der Bürgerkriege und Brände.

■ Gesamtfläche des Landes
■ Waldfläche
■ Jährlich gerodete Fläche

ihr Umfeld möglichst nicht zu verändern. Solange es die erforderlichen Lebensbedingungen in seinem Habitat vorfindet, wird auch sein Fortbestand gesichert sein. Aber es werden weiterhin Lebensräume zerschnitten, weil die Menschen Straßen bauen und Wälder roden müssen, um ihren einseitigen und kurzsichtigen Bedürfnissen gerecht zu werden und ihre Nutzungsansprüche zu befriedigen. Die Auswirkungen der großflächigen Rodungen im Amazonasgebiet für das Weltklima spielen sich zwar in einem sehr kurzen Zeitraum ab, doch für die Dauer einer Menschengeneration ist er eigentlich zu lang. Die Folgen werden erst die Kinder und Enkelkinder zu spüren bekommen.

Um die biologische Vielfalt in einem Habitat weitgehend erhalten zu können, müssen Größe, Eigenschaften und Vernetzung

mit den angrenzenden Lebensräumen berücksichtigt werden. Es genügt nicht, Biotope
isoliert von ihrem Umfeld zu bewahren.
Man muss den gesamten Naturhaushalt eines Lebensraumes in die Planung einbezie-
hen und nicht versuchen, nur einzelne Arten zu schützen. Wenn das Umfeld intakt
ist, wird auch die einzelne Art entspre-
chende Lebensbedingungen vorfinden.

Exotische Arten

Ein dritter, nicht zu vernachlässigender
Grund für den Artenrückgang ist die Einführung exotischer Arten. Seit dem Alter-
tum haben die Menschen mit oder ohne
Absicht Tier- und Pflanzenarten unter-
schiedlichster Herkunft in neue Lebensräume gebracht. So stammt zum Beispiel das
Stachelschwein ursprünglich aus Nordafri-
ka. In der Zeit des Römischen Reiches kam

ENGLISCHE PARKS
Zu Jagd- oder Verschönerungs-
zwecken wurden in England die
meisten fremden Arten eingeführt. Einige haben sich gut
angepasst. Durch sie erhält
das Landschaftsbild ein
unnatürliches Aussehen und
die Umwelt nimmt erheb-
lichen Schaden.

Wallaby
Vor etwa 200 Jahren
wurden Wallabys zu
Jagdzwecken einge-
führt. Sie fressen
enorme Mengen
Pflanzen und richten
erhebliche Schäden in
den Anpflanzungen,
auf den Viehweiden
und im Unterholz an.

Graues Eichhörnchen
Zur Zierde wurden die Tiere
aus den USA eingeführt. Die
Art ist mittlerweile so
verbreitet, dass man sie
verantwortlich gemacht hat
für das zunehmende Ver-
schwinden der roten Eich-
hörnchen. Jüngsten Studien
zu Folge ist das aber nicht
der Fall.

es nach Europa, wahrscheinlich weil sein Fleisch bei den Römern begehrt war. Das Tier hat sich so gut angepasst, dass es inzwischen für das Gleichgewicht des mediterranen Lebensraums eine wichtige Rolle spielt. Manchmal haben solche »Importe« aber verheerende Folgen für heimische Tier- und Pflanzenarten. Gerade die endemischen, das heißt nur in einem eng begrenzten Gebiet vorkommenden Arten, zum Beispiel auf Ozeaninseln, reagieren auf Störungen des ökologischen Gleichgewichts wie die Einführung neuer Arten äußerst empfindlich.

Australien ist eines der Länder, die in den vergangenen Jahrhunderten darunter erheblich gelitten haben. Das Einschleppen von Ratten aus den Laderäumen von Schiffen hatte dort ungeahnte Folgen. Außerdem wollten sich die Einwanderer in ihrer

Muntjak-Hirsche
Zu Anfang des 20. Jahrhunderts wurden die Hirsche in einen Park in Südengland gebracht. Nach etwa 20 Jahren brachen einige Exemplare aus. Die Tiere verwilderten und breiteten sich schnell aus. Trotzdem gelten Muntjaks als unschädlich für die ohnehin kaum noch vorhandenen natürlichen Lebensräume in der Region.

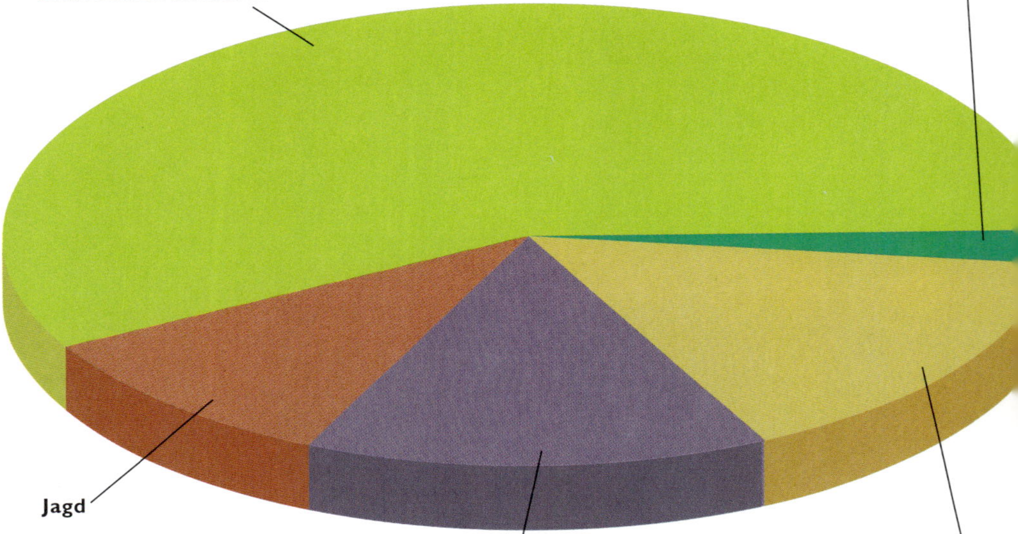

Unbekannte Ursachen

Andere Ursachen

Jagd

Zerstörung des Habitats

Ansiedlung fremder Arten

Ökosystem

Andere Arten

Gesellschaftsgruppe

EMPATHIE-SKALA

Unser Einfühlungsvermögen gegenüber anderen Lebewesen hängt vom Verständnis für ihre Lebensweise ab. Wir können nahe Verwandte und andere menschliche Wesen lieben; wir können uns für den Schutz der Eisbären engagieren, aber nicht, wenn es um eine bedrohte Giftschlangen- oder eine seltene Mückenart geht. Die Vernunft lehrt uns, dass wir diesen Standpunkt vom Menschen als Mittelpunkt der Welt aufgeben müssen, weil es darin keine Werte- oder Wichtigkeitsskala für die Stellung der Arten in der Natur gibt.

URSACHEN FÜR DIE AUSROTTUNG

Die Grafik zeigt die wichtigsten Ursachen für Ausrottungen in den vergangenen Jahrhunderten. Für ungefähr 90 % der bekannten Gründe ist der Mensch direkt verantwortlich. Das gilt wahrscheinlich auch für die unbekannten Gründe.

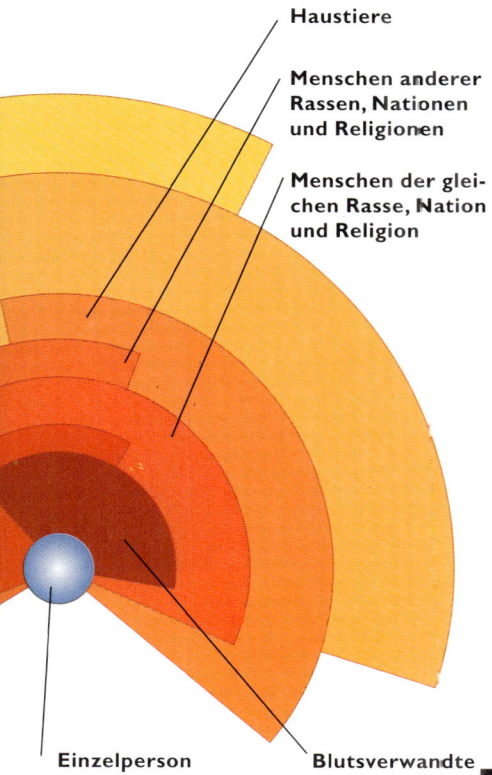

Haustiere

Menschen anderer Rassen, Nationen und Religionen

Menschen der gleichen Rasse, Nation und Religion

Einzelperson

Blutsverwandte

neuen Umgebung zuhause fühlen und brachten aus England Kaninchen mit, die sie zudem noch jagen konnten. Abgeschnitten vom Rest der Welt hatten sich in Australien über Jahrtausende hinweg viele Arten von Beuteltieren entwickelt. Sie konnten aber der Übermacht eingeführter Arten, die sich in großem Umfang vermehrten und sehr anpassungsfähig waren, nicht standhalten. Die Folge war ein dramatischer Rückgang dieser Arten. Als man sich der Folgen bewusst wurde, war es zu spät für Rettungsmaßnahmen. Um den Kaninchen wieder ihre natürlichen Feinde gegenüberzustellen, wurden Füchse angesiedelt. Diese aber machten lieber Jagd auf die heimischen Beuteltiere, die langsamer waren und deshalb fast ganz ausgerottet wurden.

Die Flüsse Nordeuropas sind ein weiteres Beispiel für die Unsitte, nicht heimische Arten anzusiedeln. Ungefähr seit Mitte der 1960er Jahre wurden dort Pelztierfarmen errichtet, in denen amerikanische Nerze gezüchtet wurden, die sich schneller fortpflanzen als europäische. In den 1970er Jahren befreiten Interessengruppen vermeintlicher Tierschützer mehrmals amerikanische Nerze aus den Käfigen, woraufhin sich die Tiere in nahe liegenden Gewässern ansiedelten.

In der Folge traten erhebliche Störungen im Gleichgewicht der heimischen Ökosysteme auf. Großflächig wurden die europäischen Nerze ausgerottet, die Iltisse als direkte Konkurrenten der amerikanischen Nerze waren bedroht und in vielen Flüssen Englands gab es keine Wühlmäuse mehr. Die einzig wirksame, aber wohl kaum durchführbare Methode wird die uneingeschränkte Jagd auf die eingeführten Tierarten sein.

Der Sinn und Zweck von Naturschutzmaßnahmen

Die ersten Schritte zur Rettung der Natur wurden vor Anfang des 20. Jahrhunderts gemacht. Dabei hatte man vor allem die Vollkommenheit der Natur vor Augen: Unberührte Gebiete mussten erhalten bleiben, weil man sie gern besichtigte oder weil es angenehm war zu wissen, dass es so etwas überhaupt gab. Solche Überlegungen mögen banal oder naiv erscheinen, sie sind aber auch heute noch sehr wichtig. Sie dienen als Grundlage vieler Kampagnen zur Rettung der Wölfe oder Wale und der Errichtung großer Naturparks. Volkswirtschaftler haben sogar schon ernsthaft vorgeschlagen, den Wert von Lebensräumen und Tierarten in Geld umzurechnen, wobei

HEILEN MIT DER NATUR

Viele Organismen produzieren chemische Substanzen, die zur Behandlung von Krankheiten eingesetzt werden können. Berechnungen zufolge ist die Herkunft der Moleküle in heute im Handel befindlichen Medikamenten zu 3 % von Tieren, zu 13 % von Mikroorganismen und zu 25 % von Pflanzen. Täglich verlöschen Arten, mit denen wir niemals Kontakt hatten. Mit ihnen schwindet auch die Chance auf neue Behandlungsmöglichkeiten.

Chinchona ledgeriana
Aus dieser Pflanze gewinnt man Chinin, eines der wirksamsten Heilmittel gegen Malaria. Auch heute noch sterben etwa 2 Millionen Menschen pro Jahr an der Krankheit. In vielen Regionen sind die Krankheitserreger resistent gegen Chinin geworden. Die Forscher hoffen auf neue Lösungen durch andere Pflanzen.

Mädesüß

In dieser Pflanze wurde das Molekül der Salizylsäure entdeckt. In Verbindung mit Azetylsäure entsteht Azetylsalizylsäure. Das ist der Grundstoff für Aspirin, das weltweit am häufigsten verwendete Medikament.

das erwirtschaftete Eintrittsgeld in Naturparke als Grundlage dienen könnte
Neben diesen Beweggründen gibt es auch einen weiteren rein moralischen Grund, der von der Frage ausgeht: »Woher nimmt der Mensch das Recht, jedes andere Lebewesen vernichten zu können?« Die Frage steht in weiterem Zusammenhang mit der Vorstellung vom Menschen als Mittelpunkt allen Geschehens. »Können wir es uns leisten, einfach über das Schicksal anderer Lebewesen zu entscheiden?« Falls wir das mit »ja« beantworten können, muss man sofort mit dem nächsten Einwand rechnen. »Ist es von Vorteil zuzulassen, dass Lebensräume zerstört und Arten ausgelöscht werden oder sollte man eher versuchen, alles zu retten?« Eine eindeutige Antwort darauf

Catharanthus roseus

Das Tropische Immergrün stammt aus Madagaskar. Man gewinnt daraus die Heilmittel, die sehr wirksam gegen Tumore eingesetzt werden, die typisch bei jungen Menschen sind, wie die Hodgkinsche Krankheit und die akute lymphatische Leukämie. Wie auf vielen Inseln ist auch die biologische Vielfalt auf Madagaskar einzigartig und könnte der Heilkunde neue Möglichkeiten bieten. Allerdings ist der Lebensraum dort besonders gefährdet.

Blutegel

Der Parasit haftet auf der Haut einiger Wirbeltiere. Er ernährt sich, indem er die Haut durchbohrt und das Blut saugt. Damit das Blut nicht gerinnt, sondern Blutegel Hirudin ab. Die Substanz wird bei der Behandlung von Thrombosen, Rheuma und Prellungen eingesetzt und um Blutgerinsel bei Hauttransplantationen zu verhindern.

Taxus brevifolia

Aus dieser Eibe gewinnt man den Krebs bekämpfenden Wirkstoff Taxol, der bei Eierstocktumor eingesetzt wird. Bis heute hat das amerikanische National Cancer Institut 1 400 tropische Pflanzenarten entdeckt, die wahrscheinlich Substanzen mit Krebs hemmender Wirkung enthalten. Vermutlich ist das aber bei sehr viel mehr Pflanzen der Fall.

gibt es nicht. Kurzfristig gesehen können Rettungsversuche sehr aufwändig und mit erheblichen Kosten für die Erforschung und die Einrichtung von Schutzgebieten verbunden sein. Aber auf lange Sicht ist die Sicherung von Lebensräumen die einzige Garantie für den Fortbestand der Menschheit und hat auch aus wirtschaftlicher Sicht unbestreitbare Vorteile.

Bislang unbekannte Arten können beispielsweise wertvolle Rohstoffe für die Industrie liefern, die Entwicklung von Medikamenten und Heilmitteln fördern oder die Zucht neuer Pflanzen und Tiere für die Landwirtschaft ermöglichen.

Wenn man die Bedeutung des Problems erkannt hat, bleibt noch ein weiterer wichtiger Punkt zu klären. Welche und wie viele Arten müssen gerettet werden, um einen funktionsfähigen Lebensraum zu erhalten? Auch auf diese Frage haben die Biologen noch keine Antwort. Mit Sicherheit sind nicht alle Arten gleich bedeutend für das Funktionieren ihres Lebensraums. Einige Arten sind aber so wichtig, dass ihr Verlust das ganze Ökosystem aus dem Gleichgewicht bringen würde. Die Funktion anderer

Spirulina platensis
Die Bakterien leben in den Seen Zentralafrikas und betreiben Fotosynthese. Man könnte die Organismen züchten und als Tierfutter verwenden. Die Wiederverwertung von totem Gewebe, die Krankheiten wie den Rinderwahn ausgelöst haben, würde so vermieden.

Leguan
Für die Völker in den südamerikanischen Tropen waren Leguane lange Zeit Nahrungsmittel. Heute sind die Tiere selten, eine Aufzucht wäre aber möglich ohne Schaden für die Wälder.

Psophocarpus tetragonolobus
Die bohnenähnlichen Kerne, die Blätter und die proteinhaltigen Knollen dieser Hülsenfrucht aus Neuguinea sind genießbar und wohlschmeckend. Die Pflanze wächst rasch, sie wird in wenigen Wochen mehrere Meter hoch und hat eine düngende Wirkung für den Boden.

Podocnemis expansa
Das Fleisch dieser Riesen-
schildkröte aus dem Amazonasgebiet schmeckt hervorragend. Die Tiere könnten in
Flussnähe gezüchtet und zu
ihrer Nahrung heimische
Früchte und Pflanzen ver-
wendet werden. Pro Hektar
Zuchtfläche würde sich ein
Fleischertrag von 25 Tonnen
ergeben. Das ist 400-mal so
viel wie bei der Rinderzucht,
für deren Weideland täglich
große Waldgebiete ab-
geholzt werden.

Hydrochoeris hydrochoeris
Die Wasserschweine sind die
größten lebenden Nagetiere.
Ihr Fleisch schmeckt vorzüg-
lich. Die Tiere könnten problemlos gezüchtet werden.

Lepidium meyenii
Die Pflanze stammt aus der Andenregion. Sie
war dort fast ausgerottet. Nach Meinung der
Einheimischen schmecken die Wurzeln ausge-
zeichnet und werden heute zur Herstellung von
Geschmackverstärkern verwendet.

ÖKOLOGISCH SINNVOLLE
ERNÄHRUNG

Zur Ernährung werden heute vergleichsweise wenige Arten eingesetzt. Es gibt allein 30 000 genießbare Pflanzenarten. Seit den Anfängen
der Landwirtschaft wurden um die
7 000 Arten angebaut, davon liefern
nicht mehr als 20 etwa 90 % der
Ernährung für die Menschheit. Überall werden Arten angebaut, die ursprünglich aus gemäßigten konti-
nentalen Gebieten stammen. Der
Verbrauch geeigneter heimischer
Organismen in jedem Lebensraum
wäre ergiebiger und ökologischer.

Arten dagegen ist nicht sofort offensichtlich. Die Folgen der Ausrottung einer Art sind also schwer einschätzbar. Doch gerade deshalb gilt: Gleiches Recht für alle. Da man nicht weiß, wann das Gefüge in einem Lebensraum unwiederbringlich zerstört ist, kann man nur versuchen, möglichst viele Arten zu erhalten, um nicht das ganze System zu gefährden.

Die Ausweisung von Schutzgebieten

Die Ökologie als Wissenschaft vom Haushalt der Natur hat immer auch die Funktion einer Art Feuerwehr, um gesetzliche Maßnahmen einzuleiten, die den sofortigen Schutz gefährdeter Arten oder Lebensräume bewirken.

Eine alljährlich auf den neuesten Stand gebrachte Rote Liste gefährdeter Arten ist eine Möglichkeit, den Rückgang von Arten

MEEROTTER

Enhydra lutris ist eine äußerst wichtige Art. Die Tiere waren sehr zahlreich im Seetang entlang der nordamerikanischen Küsten. Gegen Ende des 19. Jahrhunderts wurden sie von Pelztierjägern praktisch ausgerottet. Die Folge war, dass das Ökosystem in diesem Lebensraum fast zusammenbrach.

Seetang

Lange Algen bilden den Seetang. Sie wachsen in Küstennähe und bilden regelrechte Wiesen. Hier finden zahlreiche Arten Nahrung und Schutz, so zum Beispiel andere Algenarten, Krusten- und Weichtiere, Fische und Meeressäuger wie Ohrenrobben. Auch junge Grauwale halten sich dort auf, während die Muttertiere Plankton fressen.

zu kontrollieren. Dabei werden Tiere und Pflanzen nach dem Grad ihrer Gefährdung in verschiedene Kategorien eingeordnet. So kann je nach Dringlichkeit entschieden werden, wo zur Verfügung stehende Gelder am besten und am sinnvollsten einzusetzen sind. Den Auftrag dazu hat die Internationale Vereinigung zur Rettung der Natur (IUCN) unter weltweiter Mitwirkung von Experten für jede bekannte Arten-gruppe und jeden Lebensraum. Erst wenn man weiß, wo Arten- und Biotopschutz besonders dringend ist, können neue Naturschutzgebiete sinnvoll ausgewiesen werden. Es besteht dabei auch die Möglichkeit, Schutzreservate vorsorglich in Gebieten mit einer besonders großen biologischen Vielfalt einzurichten.

Zunächst muss der Standort für ein Naturschutzgebiet bestimmt werden. Dann wird

Zerstörung

Meerotter sind zwar Landsäugetiere, verbringen aber viel Zeit im Meer und fressen Seeigel, die sie im Tang finden. Nach der Ausrottung der Meerotter vermehrten sich diese extrem stark und fraßen alle Algen. Der Meeresboden verödete. Erst strenge Schutzmaßnahmen für den Meerotter bewirkten, dass sich dieser Lebensraum erholen konnte.

ALTERNATIVEN FÖRDERN

Man geht oft davon aus, dass der Mensch auf viel verzichten muss, um mit anderen Arten zusammenleben zu können. Das trifft nicht immer zu. Manchmal kann schon mit geringem Aufwand die Ausbeutung der Umwelt eingeschränkt werden.

ABHOLZEN VON WALDSTRICHEN

Mit dieser Methode gewinnt man Holz, ohne dem Wald großen Schaden zuzufügen. Diese Art des Abholzens ist für leicht hügelige Gebiete geeignet und erfolgt strichweise und nicht großflächig. Solche Waldstriche können schneller aufgeforstet werden.

Erste Phase

Unterhalb einer Straße, die zum Abtransport des Holzes dient, wird zuerst abgeholzt. Danach bleibt das Gebiet einige Jahre sich selbst überlassen. Aus den Zonen in der nahen Umgebung kommen Samen, aus denen die ersten Pflänzchen wachsen.

Zweite Phase

Nun werden die Pflanzen oberhalb der Straße abgeholzt. Es gibt keine Wurzeln mehr, welche die Nährstoffe aus dem Boden aufnehmen. Der Regen schwemmt die Nährstoffe in den ersten Strich, sodass die jungen Pflanzen dort besser wachsen können.

Dritte Phase

Nach einiger Zeit wird eine noch höher liegende Zone abgeholzt. Die Nährstoffe im Boden gehen wiederum nicht verloren, sondern nützen den tiefer wachsenden Pflanzen. Auch zum Vorteil für die Holzfäller können auf diese Weise die Wälder rasch nachwachsen.

Intakter Wald

über die Größe, die Form und die Verbindungsmöglichkeiten mit anderen geschützten Gebieten entschieden. Wenn es die Nutzung des Gebietes zulässt, richtet man an Stelle eines einzigen Reservats mehrere große ein und gestaltet sie kreisförmig. So wird bei gleicher Oberflächengröße der Umfang der Gebiete und der Kontakt mit den nicht geschützten Zonen verringert. Außerdem müssen die Reservate durch »Korridore« verbunden werden, damit die Individuen von einem zum anderen Biotop wechseln können. Dazu werden meist linienförmige Landschaftselemente wie Bachläufe oder Hecken in das Schutzgebiet einbezogen oder neu angelegt.

Für den Erfolg der Maßnahmen ist der Schutzumfang und die Einsicht und Unterstützung durch die heimische Bevölkerung sehr wichtig. Bei streng geschützten Gebieten haben die Bauern und Hirten aus der Umgebung keine Möglichkeit mehr, wie gewohnt Landwirtschaft zu betreiben. Vor allem bei großflächigen Nationalparks in schwer kontrollierbaren Gebieten wie in Südafrika ist das nachteilig.

Ein Reservat bleibt wirkungslos, wenn es von der einheimischen Bevölkerung nicht respektiert oder sogar angefeindet wird. Aus diesem Grund werden ausgehend vom Zentrum bis hin zu den Randgebieten drei Schutzzonen eingerichtet. Das Zentrum gilt als höchst empfindlicher Bereich, als Kernzone, in dem jegliche Nutzung untersagt ist, ihm folgt eine ringförmige Zone, die als Puffer für mögliche Störungen dient und weniger strengen Schutzauflagen unterliegt. In den Randzonen schließlich dürfen Ackerbau und Viehzucht dann in möglichst landschaftsschonender Weise betrieben werden.

ZWIESPÄLTIGER ARTENSCHUTZ

Die Folgen, die die künstliche Erhaltung einer Art haben kann, sind nicht immer abzusehen. Auf der Insel Java leben noch einige Populationen einer asiatischen Büffelart, die so genannten Bantengs, und einer Raubtierart aus der Gattung der Hunde, die Cuons. Beide Arten sind vom Aussterben bedroht. Anscheinend töten die Cuons aber so viele Bantengs, dass deren Überleben in Gefahr ist. Ob der Mensch in solchen Fällen regelnd eingreifen soll, bleibt fraglich.

Cuon

In Indien, Russland und China waren Cuons einst weit verbreitet. Ihre Lebensräume wurden weitgehend zerstört und es gibt nur noch einige isolierte Populationen, vor allem in Indien. Die Maßnahmen zur Rettung dieser Art sind auch deshalb so schwierig, weil man zu wenige Informationen hat, um sinnvolle Maßnahmen ergreifen zu können.

Manchmal ist die Anzahl der Individuen einer Art so gering oder der natürliche Lebensraum so klein geworden, dass alle Anstrengungen zur Rettung der Population erfolglos bleiben. Um das endgültige Aussterben der Art in solchen Fällen zu verhindern, kann man versuchen, die Rettung fern vom ursprünglichen Lebensraum einer Art in einem künstlichen Umfeld zu betreiben.

Das geschieht beispielsweise in modernen Tierparks, wo versucht wird, die wenigen überlebenden Exemplare einer Tierart zu einer Fortpflanzung zu bewegen. In der Zwischenzeit müssen die heimischen Lebensräume wieder in den ursprünglichen Zustand versetzt werden. Natürlich muss man dafür sorgen, dass die Tiere in der Gefangenschaft das gleiche Verhalten wie in der freien Natur beibehalten. Deshalb werden Tiere, die an solchen

Bantengs
Wenige Populationen über-
leben noch in Indochina
und in Südostasien. In Indi-
en, Pakistan und Brunei ist
die Art ausgestorben. Die
schlimmsten Bedrohungen
für diese Wildrinder sind
der illegale Handel mit den
Hörnern, die Zerstörung
ihres Habitats und von
Haustieren übertragene
Krankheiten.

Rettungspro-
grammen betei-
ligt sind, fast nie dem
Publikum gezeigt, um sie
nicht noch unnötigem Stress auszusetzen.
Zu den Arten, die gegenwärtig an einem
Rettungsprogramm beteiligt sind, gehört
das Sumatra-Nashorn. Von dieser Art sind
bis heute ungefähr 400 Exemplare in verschiedenen Populationen bekannt. Trotz
aller Anstrengungen, die seit 1984 unter-
nommen wurden, ist etwa die Hälfte der 20
ausgewählten Tiere in den Stationen ge-
storben, ohne sich fortzupflanzen.
Nun werden die Stationen direkt in die
Wälder Sumatras verlegt. Es liegen zwar
noch keine gesicherten Erkenntnisse über
den Nutzen dieser Maßnahmen vor, aber
kein Aufwand wird gescheut, um zur Rettung des Sumatra-Nashorns und vieler anderer Arten auch in Zukunft notwendiger-
weise beizutragen.

Register

Bildnachweis

Die Bilder in diesem Band wurden vom Verlag DoGi S.p.A., Florenz in Auftrag gegeben, der auch die Rechte daran hält.

Bilder:
Alessandro Bartolozzi: 34 – 35 o, 66-67, 92 ur; Luciano Crovato und Gianni Mazzoleni: 33, 86 – 87 ur; Ferruccio Cucchiarini: 42 – 43; Gian Paolo Faleschini: 25 ur, 30o, 32, 34 – 35 u, 44 – 45, 92; Gian Paolo Faleschini unter Mitarbeit von Leonardo Meschini: 4 – 5, 8 u, 9 ur, 20, 21, 22 – 23, 27, 38 – 39, 40 – 41, 50 – 51, 62 – 63, 70 – 71, 74 – 75, 78 – 79, 82 – 83, 88 – 89, 90 – 91, 114 – 115, 118 – 119; Giuliano Fornari: 84 – 85; L.R. Galante: 95; Paola Holguin: 106 – 107, 116 – 117; Inklink, Florenz: 6o, 8 ul, 24 M, 24 u, 25 M, 29, 37, 46 – 47, 52 – 53, 54 – 55, 56 – 57, 60 – 61, 72 – 73, 76 – 77, 98 – 99; Gianni Mazzoleni: 28; Lorenzo

Orlandi: 58 – 59, 80 – 81; Francesco Petracchi: 10 – 11, 93 l; Sandro Rabatti: 26, 64 – 65, 68 – 69, 94; Sergio: 80 – 81, 96 – 97; Thomas Troyer 100 – 101

Reproduktionen und Dokumente:
DoGi S.p A. hat sich bemüht, eventuelle Rechte Dritter ausfindig zu machen. Im Falle von Auslassungen oder Fehlern entschuldigt sich DoGi S.p.A. und erklärt sich bereit, eventuelle Änderungen in den nächsten Ausgaben dieses Werkes einzufügen. Andrea Innoccenti: 7o; DoGi-Archiv: 7 u, 17 ul, 19o, 22, 32 l, 33 o, 36 u, 102, 110 r, Delli/Bartmann: 113 o; Farabolafoto/Marco Mazzoleni: 110l; Farabolafoto/Overseas/-Ferri: 113 M; Farabolafoto/Oxford Scientific Films/Michael Fodgen: 32 r; Farabolafoto/Overseas/Robert Maier: 33 u; Giuliano Valesecchi: 9 o; Grazia Neri/Sulivan/Hansen

Palnetarium: 96; Institute for Horticultural Developpement: 112 M; International Color Press, Mailand/Peter David: 8; International Plant Genetic Resource Institute: 113 u; K & B, Florenz/Giuliano Valsecchi: 16 o, 98, 99 o, 111 u, 112 u; Farabolafoto / Overseas/Dani-Jeske: 19u; L.Vignoli: 111 M; Panda Photo/C. Galasso: 36o; Ken Hill: 93; Russell/Hardin/Grand: 111 o; SIE/Johanna Huber: 17 o; SIE/Lamberto Scipioni 18; SIE/Roberto Gasperoni: 31; SIE/Scipioni 98 – 99; SIE/Stock Market/D. Trask: 102; SIE/The Stock market / Tom Brake 16 u; SIE/World Images/Sime/Schmid: 17 ur

Computerbearbeitungen:
Luca Cascioli: 20 – 21; Laura Ottina: 6r, 24 – 25, 102 – 103; Sebastiano Ranchetti: 48 – 49; Sansai Zappini: 6l, 15, 104 – 105, 108 – 109

Inf•OMNIBUS

bringt die grossen Themen der Menschheit –
in spannenden Texten und bis ins Detail genauen Illustrationen.

Sommer 2000

Die Geschichte der Griechen
ISBN 3-570-20740-4

Die Geschichte der Entdecker
ISBN 3-570-20741-2

Die Geschichte der Wirtschaft
ISBN 3-570-20742-0

Die Geschichte der Ägypter
ISBN 3-570-20743-9

Die Geschichte des 20. Jahrhunderts
ISBN 3-570-20744-7

Die Geschichte der Technik
ISBN 3-570-20745-5

Dezember 2000

Die Regeln der Natur
ISBN 3-570-20746-3

Die Geschichte der Renaissance
ISBN 3-570-20747-1

Das Weltall
ISBN 3-570-20748-X

Die Entwicklung des Lebens
ISBN 3-570-20749-8

Die Vorgeschichte
ISBN 3-570-20750-1

Der Islam
ISBN 3-570-20751-X

Weitere Bände sind in Vorbereitung.

Jeder Band ist eine deutsche Erstausgabe,
durchgehend mit farbigen Abbildungen, 128 Seiten.